1 大文字 アルファベットの復習

JN051786

🔊 1

1 音声を聞いて，まねして言いましょう。次に，もう一度言ってから書きましょう。

〈全部書いて50点〉

A B C D G

A B C D E F G

H I J K L M N

H I J K L M N

O P Q R S T U

O P Q R S T U

V W X Y Z

V W X Y Z

★ アルファベットの書き順には，正式な決まりはありません。

2 音声を聞いて，まねして言いましょう。次に，もう一度言ってから書きましょう。

〈全部書いて50点〉

A B C D E F G

H I J K L M N

O P Q R S T U

V W X Y Z

② アルファベットの復習

🔊 3

1 音声を聞いて，まねして言いましょう。次に，もう一度言ってから書きましょう。

〈全部書いて50点〉

★ アルファベットの書き順には，正式な決まりはありません。

©くもん出版

2 音声を聞いて，まねして言いましょう。次に，もう一度言ってから書きましょう。

〈全部書いて50点〉

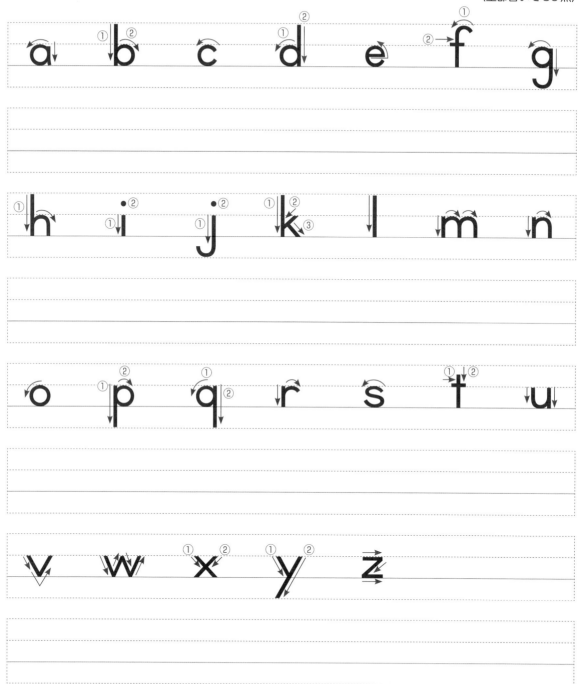

3 5年生までの復習①

月 日　時 分〜 時 分
name
点

🔊 5

1 音声を聞きましょう。　　　　　　　　　　　　　　　　〈全部言って10点〉

I'm Ken.
ぼくはケンです。

I'm happy.
ぼくは楽しいです。

Point! ‥‥‥‥‥‥‥‥‥‥‥‥‥‥‥‥‥‥‥‥‥‥‥‥‥

★ I'm 〜.　　　I'm 〜. は「わたしは〜です」という意味です。I'm の後に，名前や気持ち・状態を表す英語を入れて言います。

2 音声を聞いて，まねして言いましょう。次に，もう一度言ってから書きましょう。
　　　□は，なぞったところをお手本に書きましょう。　　　　　　〈1つ10点〉

①

I'm Aya.

わたしはアヤです。

I'm hungry.

わたしはおなかがすいています。

②

I'm Masaki.

ぼくはマサキです。

I'm busy.

ぼくはいそがしいです。

③

☐ Fuka.

わたしはフウカです。

☐ tired.

わたしはつかれています。

©くもん出版

3 音声を聞きましょう。 〈全部言って10点〉

I'm Emily Smith.
わたしはエミリー・スミスです。

I'm a teacher.
わたしは教師です。

Point! ･････････････････････････････

★ **a teacher**　I'm の後には，職業を表す英語を入れることもできます。職業の前には a か an を入れます。

4 音声を聞いて，まねして言いましょう。次に，もう一度言ってから書きましょう。

〈1つ10点〉

① I'm Tatsuo. わたしはタツオです。

I'm a bus driver.

わたしはバスの運転手です。

② I'm Noriko. わたしはノリコです。

I'm a baker.

わたしはパン職人です。

③ I'm Yosuke. わたしはヨウスケです。

a doctor.

わたしは医者です。

④ I'm Haruko. わたしはハルコです。

a florist.

わたしは花屋です。

⑤ I'm Soichi. わたしはソウイチです。

a farmer.

わたしは農場経営者です。

4 5年生までの復習②

🔊 7

1 音声を聞きましょう。

〈全部言って4点〉

I like rice.

わたしはごはんが好きです。

Point! ....

★ **I like 〜.**　　I like 〜. は，好きなものを言うときの表現です。

2 音声を聞いて，まねして言いましょう。次に，もう一度言ってから書きましょう。

〈1つ7点〉

① I like spaghetti.

ぼくはスパゲッティが好きです。

② I like tennis.

わたしはテニスが好きです。

③ I like dogs.

ぼくは犬が好きです。

④ I like fried chicken.

わたしはフライドチキンが好きです。

⑤  baseball.

ぼくは野球が好きです。

⑥  strawberries.

わたしはいちごが好きです。

©くもん出版

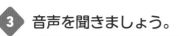

3 音声を聞きましょう。

〈全部言って6点〉

I don't like bread.

わたしはパンが好きではありません。

Point! ....

★ **I don't like ～.** I don't like ～.は, 好きではないものを言うときの表現です。

4 音声を聞いて, まねして言いましょう。次に, もう一度言ってから書きましょう。

〈1つ8点〉

① I don't like milk.

ぼくは牛乳が好きではありません。

② I don't like basketball.

わたしはバスケットボールが好きではありません。

③ I don't like soccer.

ぼくはサッカーが好きではありません。

④   like apples.

わたしはりんごが好きではありません。

⑤   salad.

ぼくはサラダが好きではありません。

⑥   chocolate.

わたしはチョコレートが好きではありません。

5 5年生までの復習③

🔊 9

1 音声を聞きましょう。

〈全部言って5点〉

I have a pencil.
わたしはえんぴつを持っています。

I want a pencil case.
わたしは筆箱がほしいです。

Point! ....

★ I have 〜.　　I have 〜. は持っているものを言うときに，I want 〜. はほしいものを言うときに使う表現です。

2 音声を聞いて，まねして言いましょう。次に，もう一度言ってから書きましょう。

〈1つ10点〉

①

I have a notebook.

ぼくはノートを持っています。

I want a pen.

ぼくはペンがほしいです。

②

I ☐ a racket.

わたしはラケットを持っています。

I ☐ a ball.

わたしはボールがほしいです。

③

☐ ☐ a red cap.

ぼくは赤いぼうしを持っています。

☐ ☐ a blue cap.

ぼくは青いぼうしがほしいです。

©くもん出版

3 音声を聞きましょう。 〈全部言って5点〉

I can cook well.
ぼくは上手（じょうず）に料理ができます。

Point! ....

★ I can 〜. 　　I can 〜. は，できることを言うときの表現です。

4 音声を聞いて，まねして言いましょう。次に，もう一度言ってから書きましょう。
〈1つ10点〉

① I can ski well.

わたしは上手にスキーをすることができます。

② I can run fast.

ぼくは速く走ることができます。

③ I can swim fast.

わたしは速く泳ぐことができます。

④ I ☐ dance well.

ぼくは上手にダンスをすることができます。

⑤ ☐ ☐ sing well.

わたしは上手に歌うことができます。

⑥ ☐ ☐ play soccer well.

ぼくは上手にサッカーをすることができます。

6 5年生までの復習④

月 日　時 分〜 時 分

name

点

🔊 11

1 音声を聞きましょう。

〈全部言って8点〉

{ **Are you Ken?**
あなたはケンですか？

Yes, I am.
はい, そうです。

No, I'm not.
いいえ, ちがいます。

Point! ....

★ **Are you 〜?**

Are you 〜? は「あなたは〜ですか？」とたずねるときに使います。答え方は, Yes, I am. か No, I'm not. です。

2 音声を聞いて, まねして言いましょう。次に, もう一度言ってから書きましょう。

〈1つ14点〉

①
{ Are you hungry?
あなたはおなかがすいていますか？

{ Yes, I am.
はい, すいています。

②
{ Are you tired?
あなたはつかれていますか？

{ No, I'm not.
いいえ, つかれていません。

③
{ [　　] you a tennis player?
あなたはテニス選手ですか？

{ Yes, [　][　].
はい, そうです。

©くもん出版

3 音声を聞きましょう。 〈全部言って8点〉

Do you like soccer?
あなたはサッカーが好きですか？

Yes, I do.
はい，好きです。

No, I don't.
いいえ，好きではありません。

Point!

★ **Do you ～?**

Do you ～？は「あなたは～しますか？」とたずねるときに使います。答え方は，Yes, I do. か No, I don't. です。

4 音声を聞いて，まねして言いましょう。次に，もう一度言ってから書きましょう。

〈1つ14点〉

①
Do you have a ruler?
あなたは定規(じょうぎ)を持っていますか？

Yes, I do.
はい，持っています。

②
Do you want a bike?
あなたは自転車がほしいですか？

☐ **, I don't.**
いいえ，ほしくありません。

③
☐ ☐ **like curry and rice?**
あなたはカレーライスが好きですか？

Yes, ☐ ☐ **.**
はい，好きです。

月 日　時 分〜 時 分

name

点

🔊 13

1 音声を聞きましょう。

〈全部言って8点〉

What do you like?
あなたは何が好きですか？

I like tennis.
わたしはテニスが好きです。

Point! ‥‥‥‥‥‥‥‥‥‥‥‥‥‥‥‥

★ What (...) do you 〜?　What (...) do you 〜? は，好きなものやほしいものなどをたずねるときの表現です。

2 音声を聞いて，まねして言いましょう。次に，もう一度言ってから書きましょう。

〈1つ14点〉

① What do you want?
あなたは何がほしいですか？

I want a glove.
ぼくはグローブがほしいです。

② ☐☐ you have?
あなたは何を持っていますか？

I have a stapler.
わたしはホッチキスを持っています。

③ ☐ animal ☐ you like?
あなたは何の動物が好きですか？

I ☐ cats.
わたしはねこが好きです。

©くもん出版

3 音声を聞きましょう。　〈全部言って8点〉

 Why do you want to go to the bookstore?
あなたはどうして本屋に行きたいのですか？

I want a comic book.
わたしはマンガ本がほしいのです。

Point!

★ Why do you ～?　　Why do you ～? は，理由をたずねるときの表現です。

4 音声を聞いて，まねして言いましょう。次に，もう一度言ってから書きましょう。

〈1つ14点〉

① Why do you want to go to Hokkaido?

あなたはどうして北海道に行きたいのですか？

I want to go to the zoo.　わたしは動物園に行きたいのです。

② ☐ do you want to go to the zoo?

あなたはどうして動物園に行きたいのですか？

I want to see elephants.　わたしはぞうが見たいのです。

③ ☐ ☐ you want to go to the park?

あなたはどうして公園に行きたいのですか？

I want to play soccer.　ぼくはサッカーをしたいのです。

8 5年生までの復習⑥

🔊 15

1 音声を聞きましょう。

〈全部言って8点〉

 { Good morning, Aya.
おはよう，アヤ。

 { Good morning, Ken.
おはよう，ケン。

Point!

★ Good morning.

Good morning. は午前中の，Good afternoon. は午後の，Good evening. は日暮れ後のあいさつです。Goodbye. と See you. は別れるときのあいさつです。

2 音声を聞いて，まねして言いましょう。次に，もう一度言ってから書きましょう。

〈1つ9点〉

① { Good morning, Yuto.
おはよう，ユウト。

{ Good morning, Fuka.
おはよう，フウカ。

② { Good afternoon, Eri.
こんにちは，エリ。

{ Good afternoon, Tatsuya.
こんにちは，タツヤ。

③ { Good evening, Masaki.
こんばんは，マサキ。

{ Good evening, Misato.
こんばんは，ミサト。

④ { Goodbye, Sayaka.
さようなら，サヤカ。

{ See you, Shota.
またね，ショウタ。

©くもん出版

3 音声を聞きましょう。

〈全部言って8点〉

 Nice to meet you, James.
はじめまして, ジェームズ。

 Nice to meet you too, Amie.
こちらこそはじめまして, アミー。

Point!

★ Nice to meet you.

初対面の人と知り合いの人との, あいさつのちがいに注意しましょう。お礼を言ったりさそったりするときの言い方も覚えておきましょう。

4 音声を聞いて, まねして言いましょう。次に, もう一度言ってから書きましょう。

〈1つ12点〉

① I'm Sang-Jae. Nice to meet you.
ぼくはサンジェです。はじめまして。

I'm Sofia. Nice to meet you, too.
わたしはソフィアです。こちらこそはじめまして。

② How are you?
元気ですか?

I'm fine, thank you.
元気です, ありがとう。

③ Let's play baseball.
野球をしましょう。

Yes, let's.
はい, そうしましょう。

④ Thank you.
ありがとう。

You're welcome.
どういたしまして。

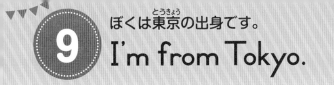
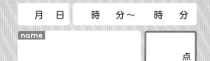
🔊 17

1 音声を聞きましょう。

I'm Ken.
ぼくはケンです。

I'm from Tokyo.
ぼくは東京の出身です。

Point! ·······················

★ I'm from 〜.
「わたしは〜の出身です」と言うときは，I'm from 〜. で表します。
「〜」には地名がきます。

2 音声を聞いて，まねして言いましょう。次に，もう一度言ってから書きましょう。

〈1つ10点〉

①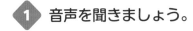

I'm from Osaka.

ぼくは大阪の出身です。

②

I'm Fuka.

わたしはフウカです。

I'm from Nagoya.

わたしは名古屋の出身です。

③

I'm Masaki.

ぼくはマサキです。

I'm from Fukuoka.

ぼくは福岡の出身です。

Words & Phrases　　from：〜出身の

©くもん出版

3 音声を聞いて，まねして言いましょう。次に，もう一度言ってから書きましょう。

★⑤の下は，全部自分で書いてみましょう。〈1つ14点〉

①

I'm Ken.

ぼくはケンです。

I'm from Tokyo.

ぼくは東京の出身です。

② ☐ Sayaka.

わたしはサヤカです。

I'm ☐ Hokkaido.

わたしは北海道の出身です。

③ ☐ Tatsuya.

ぼくはタツヤです。

☐ ☐ Akita.

ぼくは秋田の出身です。

④ ☐ Misato.

わたしはミサトです。

☐ ☐ Kochi.

わたしは高知の出身です。

⑤ ☐ Yuto.

ぼくはユウトです。

ぼくは東京の出身です。

19

1 音声を聞きましょう。

I'm Aya.
わたしはアヤです。

I like pancakes.
わたしはパンケーキが好きです。

Point! ....

★ I like 〜.　自分の好きなものは，I like 〜. で表します。「パンケーキ（というもの全体）が好き」と言うときは，pancakes のように，s（または es）をつけます。

2 音声を聞いて，まねして言いましょう。次に，もう一度言ってから書きましょう。

〈1つ10点〉

① I'm Keita.　　　　　　　　　　　ぼくはケイタです。

I like badminton.

ぼくはバドミントンが好きです。

② I'm Natsu.　　　　　　　　　　　わたしはナツです。

I like steak.

わたしはステーキが好きです。

③ I'm Kippei.　　　　　　　　　　ぼくはキッペイです。

I like tigers.

ぼくはとらが好きです。

④ I'm Haruna.　　　　　　　　　　わたしはハルナです。

I like strawberries.

わたしはいちごが好きです。

Words & Phrases　　pancake：パンケーキ　steak：ステーキ　tiger：とら

3 音声を聞いて，まねして言いましょう。次に，もう一度言ってから書きましょう。

〈1つ12点〉

① I'm Tatsuya. ぼくはタツヤです。

I like cycling.

ぼくはサイクリングが好きです。

② I'm Misato. わたしはミサトです。

jellyfish.

わたしはくらげが好きです。

③ I'm Sota. ぼくはソウタです。

kiwi fruits.

ぼくはキウイが好きです。

④ I'm Eri. わたしはエリです。

grilled fish.

わたしは焼き魚が好きです。

4 プロフィールの人物が話しています。合う英語を，□□から選んで┈┈┈に書きましょう。

〈12点〉

プロフィール

名前　シン

好きなもの　ねこ

I'm Shin. I like cats.
I'm Ken. I like dogs.

★文の最後にはピリオドをつけよう。

わたしは料理が得意です。
I'm good at cooking.

月 日　時 分〜 時 分
name
点

🔊 21

1 音声を聞きましょう。

I'm Aya.
わたしはアヤです。

I'm good at cooking.
わたしは料理が得意です。

Point! ··············

★ I'm good at 〜.　　自分の得意なことは，I'm good at 〜. で表します。

2 音声を聞いて，まねして言いましょう。次に，もう一度言ってから書きましょう。

〈1つ10点〉

① I'm Daichi.　　ぼくはダイチです。

I'm good at skiing.

ぼくはスキーが得意です。

② I'm Sayaka.　　わたしはサヤカです。

I'm good at swimming.

わたしは水泳が得意です。

③ I'm Juntaro.　　ぼくはジュンタロウです。

I'm good at running.

ぼくは走ることが得意です。

④ I'm Fuka.　　わたしはフウカです。

I'm good at drawing.

わたしは絵をかくことが得意です。

Words & Phrases　　skiing：スキー（をすること）　running：走ること　drawing：絵をかくこと

©くもん出版

3 音声を聞いて，まねして言いましょう。次に，もう一度言ってから書きましょう。

★④は，全部自分で書いてみましょう。〈1つ12点〉

① I'm Ken. ぼくはケンです。

I'm good at skating.

ぼくはスケートが得意です。

② I'm Miku. わたしはミクです。

I'm ☐ at dancing.

わたしはダンスが得意です。

③ I'm Sota. ぼくはソウタです。

I'm ☐ ☐ singing.

ぼくは歌が得意です。

④ I'm Chika. わたしはチカです。

わたしは料理 (cooking) が得意です。

4 絵の中の人物が話しています。合う英語を，☐から選んで━━━に書きましょう。

〈12点〉

I'm Yuki. I'm good at cooking.
I'm Yuki. I'm good at skating.

★文の最後にはピリオドをつけよう。

🔊 23

1 音声を聞きましょう。

What food do you like?
あなたは何の食べ物が好きですか？

I like omelets.
わたしはオムレツが好きです。

Point!

★ What 〜 do you like?
　— I like 〜.

What 〜 do you like? は好きなものの種類をたずねる
ときの表現です。I like 〜. の形で答えます。

2 音声を聞いて，まねして言いましょう。次に，もう一度言ってから書きましょう。

〈1つ10点〉

① What sport do you like?

あなたは何のスポーツが好きですか？
ぼくはサッカーが好きです。

I like soccer.

② What animal do you like?

あなたは何の動物が好きですか？
わたしは犬が好きです。

I like dogs.

③ What season do you like?

あなたは何の季節が好きですか？
ぼくは春が好きです。

I like spring.

④ What fruit do you like?

あなたは何の果物が好きですか？
わたしはさくらんぼが好きです。

I like cherries.

Words & Phrases　food：食べ物　spring：春　cherry：さくらんぼ

©くもん出版

3 音声を聞いて，まねして言いましょう。次に，もう一度言ってから書きましょう。

★④は，全部自分で書いてみましょう。〈1つ12点〉

① What food do you like ?

あなたは何の食べ物が好きですか？

I like sandwiches.

わたしはサンドイッチが好きです。

② ⬜⬜ do you like ?

あなたは何のスポーツ (sport) が好きですか？

I like rugby.

ぼくはラグビーが好きです。

③ ⬜⬜ do you ⬜ ?

あなたは何の動物 (animal) が好きですか？

I like elephants.

わたしはぞうが好きです。

④

あなたは何の食べ物が好きですか？

I like French fries.

ぼくはフライドポテトが好きです。

4 絵を見て，女の子の答えを，⬜⬜から選んで⬜⬜に書きましょう。 〈12点〉

What sport do you like ?

I like sandwiches.
I like volleyball.

★ 文の最後にはピリオドをつけよう。

Words & Phrases   sandwich：サンドイッチ   rugby：ラグビー   elephant：ぞう
French fries：フライドポテト

©くもん出版

月 日　時 分〜 時 分

name

点

🔊 25

1 音声を聞いて，合うほうの絵の記号を〇でかこみましょう。

〈1つ6点〉

(1)　ア　イ　(2)　ア　イ

(3)　ア　イ　(4)　ア　イ

2 音声を聞いて，[　　　]に合う言葉を，[　　　]から選んで書きましょう。

〈1つ10点〉

Okayama　Yamagata　cherries　swimming

(1)

名前　ケンタ

出身地

得意なこと

(2)

名前　リョウコ

出身地

好きなもの

©くもん出版

3 絵を見て，☐☐☐に合う英語を，☐☐☐から選んで書きましょう。　　〈1つ8点〉

I like steak.　　I like tigers.

(1)
What food do you like, Mari？

_____

わたしはステーキが好きです。

(2)
What animal do you like, Otoya？

_____

ぼくはとらが好きです。

4 プロフィールを見て，☐☐☐に合う言葉を，☐☐☐から選んで書きましょう。

〈1つ10点〉

プロフィール

(1) 名前　　　　ユイ
(2) 出身地　　　神戸
(3) 好きなもの　スポーツ
(4) 得意なこと　スキー

(1) _____ Yui.　　　　　　　　わたしはユイです。

(2) I'm _____ Kobe.　　　　わたしは神戸の出身です。

(3) I _____ sports.　　　　　わたしはスポーツが好きです。

(4) I'm _____ _____ skiing.　わたしはスキーが得意です。

at　　from　　I'm　　like　　good

わたしは8時に学校へ行きます。

I go to school at eight.

27

1 音声を聞きましょう。

I go to school at eight.

わたしは8時に学校へ行きます。

I usually go home at three ten.

わたしはたいてい3時10分に家に帰ります。

Point!

★ 〜時（…分）に

at の後ろに数を表す言葉を置くと，「〜時（…分）に」という意味になります。「〜時」を表す数は「…分」の前に置きます。

2 音声を聞いて，まねして言いましょう。次に，もう一度言ってから書きましょう。

〈1つ8点〉

① (7:30) I get up at seven thirty.

わたしは7時30分に起きます。

② (11:00) I always go to bed at eleven.

わたしはいつも11時にねます。

③ (8:00) I have breakfast at eight.

わたしは8時に朝食を食べます。

④ (6:30) I usually have dinner at six thirty.

わたしはたいてい6時30分に夕食を食べます。

⑤ (5:30) I do my homework at five thirty.

わたしは5時30分に宿題をします。

Words & Phrases　　have：食べる

　　　　　　　　　　　　　　　　　　　　　　©くもん出版

3 音声を聞いて，まねして言いましょう。次に，もう一度言ってから書きましょう。

〈1つ8点〉

① I wash my face at seven forty.

ぼくは7時40分に顔を洗います。

② I leave my house ☐ eight.

ぼくは8時に家を出ます。

③ I have lunch ☐ twelve thirty.

ぼくは12時30分に昼食を食べます。

④ I get home ☐ three twenty.

ぼくは3時20分に帰宅します。

⑤ I watch TV ☐ ☐ ☐.

ぼくは7時30分にテレビを見ます。

⑥ I take a bath ☐ ☐.

ぼくは8時におふろに入ります。

4 絵の中の人物が話しています。合う英語を，☐から選んで＿＿に書きましょう。

〈12点〉

I get home at three forty.
I watch TV at seven fifty.

★ 文の最後にはピリオドをつけよう。

ぼくは日曜日に部屋をそうじします。
I clean my room on Sundays.

月　日　時　分〜　時　分
name
点

🔊 29

1 音声を聞きましょう。

I have math on Mondays.
ぼくは月曜日に算数があります。

I clean my room on Sundays.
ぼくは日曜日に部屋をそうじします。

Point!

★ 〜曜日に　on の後ろに「曜日」を表す言葉を置くと,「〜曜日に」という意味になります。毎週あること,することは,曜日の最後に s をつけて表します。

2 音声を聞いて,まねして言いましょう。次に,もう一度言ってから書きましょう。

〈1つ8点〉

① 火 I have science on Tuesdays.
ぼくは火曜日に理科があります。

② 水 I have P.E. on Wednesdays.
ぼくは水曜日に体育があります。

③ 金 I have arts and crafts on Fridays.
ぼくは金曜日に図工があります。

④ 土 I study English on Saturdays.
ABC
ぼくは土曜日に英語を勉強します。

⑤ 日 I watch TV on Sundays.
ぼくは日曜日にテレビを見ます。

Words & Phrases

clean：そうじする　room：部屋　science：理科　arts and crafts：図工
study：勉強する

3 音声を聞いて，まねして言いましょう。次に，もう一度言ってから書きましょう。

★曜日は，117ページを見ながら書きましょう。〈1つ12点〉

① 木

I have home economics on Thursdays.

わたしは木曜日に家庭科があります。

② 日

I go shopping ☐ ☐ .

わたしは日曜日に買い物に行きます。

③ 金

I play basketball ☐ ☐ .

わたしは金曜日にバスケットボールをします。

④ 土

I walk the dog ☐ ☐ .

わたしは土曜日に犬を散歩させます。

4 絵の中の人物が話しています。合う英語を，☐から選んで⣀⣀⣀に書きましょう。

〈12点〉

I study math on Thursdays.
I play soccer on Sundays.

★文の最後にはピリオドをつけよう。

あなたは日曜日に何をしますか？―部屋をそうじします。

What do you do on Sundays?
―I clean my room.

31

1 音声を聞きましょう。

What do you do on Sundays?

あなたは日曜日に何をしますか？

I clean my room.

部屋をそうじします。

Point!

★ What do you do on ～?
　―I clean my room.

What do you do on ～? は，ある曜日にすることをたずねるときの表現です。することを答えます。

2 音声を聞いて，まねして言いましょう。次に，もう一度言ってから書きましょう。

〈1つ10点〉

① What do you do on Sundays?　あなたは日曜日に何をしますか？

I go shopping.

買い物に行きます。

② What do you do on Mondays?　あなたは月曜日に何をしますか？

I wash the dishes.

お皿を洗います。

③ What do you do on Wednesdays?

あなたは水曜日に何をしますか？

I clean my room.

部屋をそうじします。

★ What do you do? の2番目の do は，「(～を) する」という意味の言葉で，全体で「あなたは何をしますか？」という意味を表します。

Words & Phrases　do：する

©くもん出版

3 音声を聞いて，まねして言いましょう。次に，もう一度言ってから書きましょう。

★④は，全部自分で書いてみましょう。〈1つ14点〉

① What do you do on Fridays? あなたは金曜日に何をしますか？

I study math.

算数を勉強します。

② What do you do on Sundays? あなたは日曜日に何をしますか？

I listen to music.

音楽を聞きます。

③ What do you do on Saturdays? あなたは土曜日に何をしますか？

I play the piano.

ピアノをひきます。

④ What do you do on Thursdays? あなたは木曜日に何をしますか？

英語 (English) を勉強します。

4 絵を見て，女の子の答えを， □□□□ から選んで ──── に書きましょう。 〈14点〉

What do you do on Sundays?

I go shopping.
I study English.

★文の最後にはピリオドをつけよう。

33

1 音声を聞いて，合うほうの絵の記号を〇でかこみましょう。　〈1つ7点〉

(1)　ア　　　イ

(2)　ア　　　イ

(3)　ア　　　イ

(4)　ア　　　イ

2 音声を聞いて，合うほうの英語の記号を〇でかこみましょう。　〈1つ7点〉

(1)　サキが土曜日にすること
　　（ア　play the guitar　　イ　do my homework ）

(2)　コウジが土曜日にすること
　　（ア　go shopping　　イ　watch TV ）

(3)　サキが日曜日にすること
　　（ア　clean my room　　イ　listen to music ）

(4)　コウジが日曜日にすること
　　（ア　study social studies　　イ　play baseball ）

3 絵の中の人物が話しています。合う英語を, ░░░░░░ から選んで ▭▭▭ に書きましょう。

〈1つ8点〉

> I take a bath at nine.
> I have Japanese on Tuesdays.
> I play baseball on Saturdays.

(1)

_____

わたしは火曜日に国語があります。

(2)

_____

ぼくは土曜日に野球をします。

(3)

_____

ぼくは9時におふろに入ります。

4 ( ) の中の言葉をならべかえ, 英文を完成させましょう。文の最後にはピリオドを書きましょう。

〈1つ10点〉

(1)

What do you usually do on Sundays?

あなたはたいてい日曜日に何をしますか?

(dog, walk, I, the).

_____

わたしは犬を散歩させます。

(2)

What do you do on Fridays?

あなたは金曜日に何をしますか?

(study, Japanese, I).

_____

ぼくは国語を勉強します。

35

1 音声を聞きましょう。

This is Mr. Green.
こちらはグリーン先生です。

He is my teacher.
かれはわたしの先生です。

Point!

★ He[She] is 〜.　すでに話題に出てきた人物について「かれは[かの女は]〜です」としょうかいするときは，He[She] is 〜. と言います。

2 音声を聞いて，まねして言いましょう。次に，もう一度言ってから書きましょう。

〈1つ8点〉

① This is Megumi.
この人はメグミです。

She is my sister.
かの女はぼくの
お姉さんです。

② This is Satoru.
この人はサトルです。

He is my brother.
かれはわたしの
お兄さんです。

③ This is Ms. Yamada.
この人はヤマダさんです。

She is an artist.
かの女は芸術家です。

④ This is Shohei.
この人はショウヘイです。

He is a baseball player.
かれは野球選手です。

★ an は，artist のように，「ア，イ，ウ，エ，オ」に似た音で始まる言葉の前につけます。

Words & Phrases

Mr. :（男性の名前につけて）〜さん，〜先生　Ms. :（女性の名前につけて）〜さん，〜先生
artist：芸術家，画家

3 音声を聞いて，まねして言いましょう。次に，もう一度言ってから書きましょう。

〈1つ10点〉

① This is Naomi. この人はナオミです。

She is a tennis player.

かの女はテニス選手です。

② This is Tsuyoshi. この人はツヨシです。

☐ is my father.

かれはわたしのお父さんです。

③ This is Chie. この人はチエです。

☐ is my grandmother.

かの女はぼくのおばあさんです。

④ This is Mr. Green. この人はグリーン先生です。

☐ ☐ my English teacher.

かれはわたしの英語の先生です。

⑤ This is Mariko. この人はマリコです。

☐ ☐ a doctor.

かの女は医者です。

4 あなたの知っている人を1人選び，その人について英語でしょうかいしましょう。

〈18点〉

This is ☐ .

☐ is ☐ .

Words & Phrases　English：英語の

He is good at swimming.

月 日 　時 分〜 時 分

name

点

37

1 音声を聞きましょう。

He is my brother.

かれはわたしのお兄さんです。

He is good at swimming.

かれは水泳が得意です。

Point!

★ is good at 〜　　自分と相手以外の人の得意なことを言うときは, is の後に good at 〜 を置いて表します。

2 音声を聞いて, まねして言いましょう。次に, もう一度言ってから書きましょう。

〈1つ8点〉

①

She is my sister.

かの女はぼくの妹です。

She is good at soccer.

かの女はサッカーが得意です。

②

He is my brother.

かれはわたしの弟です。

He is good at dancing.

かれはダンスが得意です。

③

She is my teacher.

かの女はぼくの先生です。

She is good at cooking.

かの女は料理が得意です。

④

He is Atsushi.

かれはアツシです。

He is good at singing.

かれは歌が得意です。

3 音声を聞いて，まねして言いましょう。次に，もう一度言ってから書きましょう。

★⑤は，全部自分で書いてみましょう。〈1つ10点〉

① She is my mother.　　　　かの女はぼくのお母さんです。

She is good at tennis.

かの女はテニスが得意です。

② He is my teacher.　　　　かれはわたしの先生です。

He is ☐☐☐ ☐☐ basketball.

かれはバスケットボールが得意です。

③ She is my sister.　　　　かの女はぼくの妹です。

She is ☐☐☐ ☐☐ skiing.

かの女はスキーが得意です。

④ He is my father.　　　　かれはわたしのお父さんです。

He ☐☐ ☐☐ ☐☐ fishing.

かれはつりが得意です。

⑤ She is my friend.　　　　かの女はぼくの友達です。

_____

かの女は料理 (cooking) が得意です。

4 プロフィールに合う英語を，☐☐☐から選んで_____に書きましょう。　〈18点〉

兄のプロフィール

名前　　　タクロウ

得意なこと　ダンス

He is good at dancing.
He is good at singing.

_____
_____

★ 文の最後にはピリオドをつけよう。

🔊 39

1 音声を聞きましょう。

Who is he ?
かれはだれですか？

He is Shin.　He is my friend.
かれはシンです。かれはぼくの友達です。

Point!

★ Who is ～？ ― He is ～.

Who is ～？と聞かれたら，He is ～. や
She is ～. の表現を使って答えます。

2 音声を聞いて，まねして言いましょう。次に，もう一度言ってから書きましょう。

〈1つ12点〉

①

Who is she ?
かの女はだれですか？

She is Aki.

かの女はアキです。

②

Who is this boy ?
この男の子はだれですか？

He is Keita.

かれはケイタです。

He is from Kyoto.

かれは京都の出身です。

③

Who is this girl ?
この女の子はだれですか？

She is Miu.

かの女はミウです。

She is a table tennis player.

かの女は卓球選手です。

©くもん出版

3 音声を聞いて，まねして言いましょう。次に，もう一度言ってから書きましょう。

★③は，全部自分で書いてみましょう。〈1つ16点〉

① Who is this boy?

この男の子はだれですか？

He is Naoto.

かれはナオトです。

He is my brother.

かれはぼくのお兄さんです。

② Who is this girl?

この女の子はだれですか？

She [ ] Maya.

かの女はマヤです。

[ ] [ ] my sister.

かの女はわたしのお姉さんです。

③ Who is he?

かれはだれですか？

かれはケン (Ken) です。

かれはぼくの友達 (my friend) です。

4 絵を見て，男の子の答えを， [ ] から選んで ____ に書きましょう。 〈16点〉

Who is this boy?

She is Mai.
He is my brother.

★文の最後にはピリオドをつけよう。

月 日　時 分〜 時 分

name

点

🔊 41

1 音声を聞いて，絵と英語が合っていれば○，合っていなければ×を，（　　）に書きましょう。 〈1つ8点〉

(1)

（　　　　）

(2)

（　　　　）

(3)

（　　　　）

(4)

（　　　　）

2 ミズキが3人の人物をしょうかいします。音声を聞いて，どの人物をしょうかいしているのか，ア〜ウから1つずつ選び，（　　）に記号を書きましょう。 〈1つ8点〉

ア

プロフィール

スズキ先生

先生

歌が得意

イ

プロフィール

サトル

兄

バドミントンが得意

ウ

プロフィール

アヤカ

妹

スキーが得意

(1) (　　　　) 　(2) (　　　　) 　(3) (　　　　)

3 絵を見て，□□□ に合う言葉を（　）の中から選び，書きましょう。　〈1つ10点〉

(1)

Who is he?　　かれはだれですか？

_____ is Yuzuru.

(He, She)　　かれはユズルです。

He is good at _____.

(skiing, skating)

かれはスケートが得意です。

(2)

Who is she?　　かの女はだれですか？

_____ is my sister.

(He, She)　　かの女はわたしのお姉さんです。

She is good at _____.

(cooking, swimming)

かの女は料理が得意です。

4 プロフィールを見て，□□□ に合う言葉を，　　　　から選んで書きましょう。

〈1つ8点〉

This is Ayumi.　　この人はアユミです。

プロフィール	
名前	アユミ
自分との関係	友達
出身地	大阪
得意なこと	スキー

① She is my _____.

かの女はわたしの友達です。

② She is _____ Osaka.

かの女は大阪の出身です。

good　friend　from

③ She is _____ at skiing.

かの女はスキーが得意です。

22 ぼくはカナダに行きたいです。
I want to go to Canada.

月 日　時　分〜　時　分

name

点

🔊 43

1 音声を聞きましょう。

I want to go to Canada.
ぼくはカナダに行きたいです。

Point!

★ I want to go to 〜.　I want to go to 〜. で「わたしは〜に行きたいです」という意味を表します。

2 音声を聞いて，まねして言いましょう。次に，もう一度言ってから書きましょう。

〈1つ8点〉

① I want to go to Brazil.

ぼくはブラジルに行きたいです。

② I want to go to Germany.

わたしはドイツに行きたいです。

③ I want to go to India.

ぼくはインドに行きたいです。

④ I want to go to Russia.

わたしはロシアに行きたいです。

⑤ I want to go to Thailand.

ぼくはタイに行きたいです。

Words & Phrases　Canada：カナダ　Brazil：ブラジル　Germany：ドイツ　India：インド
Russia：ロシア　Thailand：タイ

©くもん出版

3 音声を聞いて，まねして言いましょう。次に，もう一度言ってから書きましょう。

〈1つ9点〉

① I want to go to France.

わたしはフランスに行きたいです。

② I ⬚ to go to Egypt.

ぼくはエジプトに行きたいです。

③ I ⬚ ⬚ go to China.

わたしは中国に行きたいです。

④ I ⬚ ⬚ ⬚ ⬚ Italy.

ぼくはイタリアに行きたいです。

⑤ ⬚ ⬚ ⬚ ⬚

Australia.

わたしはオーストラリアに行きたいです。

4 絵の中の人物が話しています。合う英語を，⬚から選んで〰〰に書きましょう。

〈15点〉

I want to go to Italy.
I want to go to China.

★文の最後にはピリオドをつけよう。

Words & Phrases　　France：フランス　Egypt：エジプト　China：中国　Italy：イタリア
Australia：オーストラリア

月 日　時 分〜 時 分

name

点

　45

1 音声を聞きましょう。

{ I want to see a lake.
ぼくは湖が見たいです。

Point! ....

★ I want to 〜 .　「わたしは〜したいです」は I want to 〜. で表します。to の後ろに動作を表す言葉を続けます。

2 音声を聞いて，まねして言いましょう。次に，もう一度言ってから書きましょう。

〈1つ8点〉

① 　I want to see a castle.

わたしはお城が見たいです。

② 　I want to eat curry.

ぼくはカレーが食べたいです。

③ 　I want to visit a museum.

わたしは美術館をおとずれたいです。

④ 　I want to go to the beach.

ぼくは海岸に行きたいです。

Words & Phrases　lake：湖　visit：おとずれる　beach：海岸

©くもん出版

3 音声を聞いて，まねして言いましょう。次に，もう一度言ってから書きましょう。

〈1つ10点〉

① I want to eat sausages.

わたしはソーセージが食べたいです。

② to see the pyramids.

ぼくはピラミッドが見たいです。

③ see pandas.

わたしはパンダが見たいです。

④ spaghetti.

ぼくはスパゲッティが食べたいです。

⑤ koalas.

わたしはコアラが見たいです。

4 絵の中の人物が話しています。合う英語を，□□□から選んで＿＿＿に書きましょう。

〈18点〉

I want to see a lake.

I want to visit a museum.

★文の最後にはピリオドをつけよう。

Words&Phrases　　sausage：ソーセージ　pyramid：ピラミッド

Where do you want to go?

月　日　　時　分〜　時　分
name

点

🔊 47

1 音声を聞きましょう。

Where do you want to go?
あなたはどこに行きたいですか？

I want to go to the U.K.
わたしはイギリスに行きたいです。

Point!

★ Where do you want to go?
　— I want to go to ～.

Where do you want to go? は，行きたい場所をたずねるときの表現です。I want to go to ～. と答えます。

2 音声を聞いて，まねして言いましょう。次に，もう一度言ってから書きましょう。

〈1つ12点〉

① Where **do you** want to go?
あなたはどこに行きたいですか？

I want to go to **Brazil.**
わたしはブラジルに行きたいです。

② Where **do you** want to go?
あなたはどこに行きたいですか？

I want to go to **Spain.**
ぼくはスペインに行きたいです。

③ Where **do you** want to go?
あなたはどこに行きたいですか？

I want to go to **Australia.**
わたしはオーストラリアに行きたいです。

Words & Phrases　the U.K.：イギリス　Spain：スペイン

©くもん出版

3 音声を聞いて，まねして言いましょう。次に，もう一度言ってから書きましょう。

★③の下は，全部自分で書いてみましょう。〈1つ16点〉

①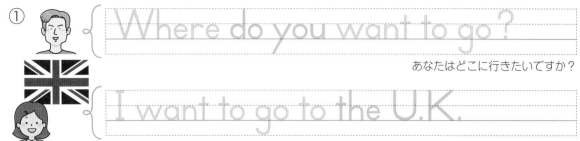

Where do you want to go?

あなたはどこに行きたいですか？

I want to go to the U.K.

わたしはイギリスに行きたいです。

②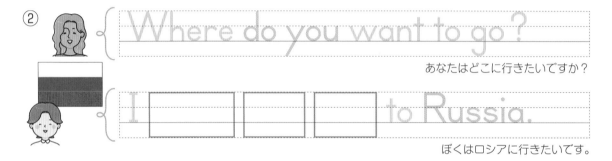

Where do you want to go?

あなたはどこに行きたいですか？

I 　　　　　　　　 to Russia.

ぼくはロシアに行きたいです。

③

Where do you want to go?

あなたはどこに行きたいですか？

わたしはイタリア（Italy）に行きたいです。

4 絵を見て，男の子の答えを，□□□から選んで┈┈に書きましょう。〈16点〉

Where do you want to go?

I want to eat a hamburger.
I want to go to India.

★文の最後にはピリオドをつけよう。

Why do you want to go to Canada?

月 日　時 分〜 時 分

name

点

🔊 49

1 音声を聞きましょう。

Why do you want to go to Canada?
あなたはどうしてカナダに行きたいのですか？

I want to see a lake.
ぼくは湖が見たいのです。

Point!

★ Why do you want to go to 〜?
　— I want to 〜.

why は，理由をたずねるときの言葉です。I want to 〜. で，理由を答えることができます。

2 音声を聞いて，まねして言いましょう。次に，もう一度言ってから書きましょう。

〈1つ12点〉

①
Why do you want to go to India?
あなたはどうしてインドに行きたいのですか？

I want to eat curry.
わたしはカレーが食べたいのです。

②
Why do you want to go to Thailand?
あなたはどうしてタイに行きたいのですか？

I want to visit temples.
ぼくはお寺をおとずれたいのです。

③
Why do you want to go to Egypt?
あなたはどうしてエジプトに行きたいのですか？

I want to see the pyramids.
わたしはピラミッドが見たいのです。

©くもん出版

3 音声を聞いて，まねして言いましょう。次に，もう一度言ってから書きましょう。

〈1つ15点〉

① Why do you want to go to France?

あなたはどうしてフランスに行きたいのですか？

I want to visit a museum.

ぼくは美術館をおとずれたいのです。

② Why do you want to go to Italy?

あなたはどうしてイタリアに行きたいのですか？

□□ □ eat pizza.

わたしはピザが食べたいのです。

③ Why do you want to go to China?

あなたはどうして中国に行きたいのですか？

□□ □ see pandas.

ぼくはパンダが見たいのです。

4 絵を見て，女の子の答えを，□□□から選んで□□□に書きましょう。 〈19点〉

Why do you want to go to Germany?

I want to see a castle.
I want to visit a zoo.

★文の最後にはピリオドをつけよう。

26 確認問題④

1 音声を聞いて，合うほうの絵の記号を○でかこみましょう。　〈1つ10点〉

🔊 51

(1)　　ア　　　　　　　イ　　　　　(2)　　ア　　　　　　　イ

2 音声を聞いて，それぞれの人物の行きたい場所と，そこに行きたい理由を線で結びましょう。　〈1つ14点〉

ア

美術館

(1)

ハルナ

● Italy ●

● India ●

イ

海岸

ウ

お寺

● Russia ●

(2)
ケイタ

● Thailand ●

エ

ゴンドラ

©くもん出版

③ 絵を見て， ____ に合う言葉を， ____ から選んで書きましょう。　〈1つ10点〉

(1)　(2)

the U.K.
Germany
a castle
a park

(1) Where do you want to go?　あなたはどこに行きたいですか？

I want to go to ____　ぼくはイギリスに行きたいです。

(2) Why do you want to go to Germany?
あなたはどうしてドイツに行きたいのですか？

I want to see ____.　わたしはお城が見たいのです。

④ 表を見て， ____ に合う英語を， ____ から選んで書きましょう。　〈1つ16点〉

名前	チカ
①行きたい国	オーストラリア
②どうして行きたいか	コアラが見たい

I'm Chika.　わたしはチカです。

① I want to ____.
わたしはオーストラリアに行きたいです。

② I want to ____.
わたしはコアラが見たいのです。

go to Brazil　　visit a museum
go to Australia　　see koalas

🔊 53

1 音声を聞きましょう。

We have our sports day in June.

6月に運動会があります。

Point!

★ We have 〜 .　学校の行事などについて「〜があります」と言うときは，We have 〜 . で表します。「〜月に」は in の後に月を表す言葉を続けます。

2 音声を聞いて，まねして言いましょう。次に，もう一度言ってから書きましょう。

〈1つ10点〉

①  We have our chorus contest in June.

6月に合唱コンテストがあります。

② We have our school festival in fall.

秋に文化祭があります。

③ We have our volunteer day in winter.

冬にボランティアデーがあります。

Words & Phrases　we：わたしたちは　our：わたしたちの　sports day：運動会
chorus contest：合唱コンテスト　school festival：文化祭　volunteer day：ボランティアデー

©くもん出版

3 音声を聞いて，まねして言いましょう。次に，もう一度言ってから書きましょう。

〈1つ14点〉

① We have our school trip in spring.

春に修学旅行があります。

② We ☐ our music festival in fall.

秋に音楽祭があります。

③ ☐ ☐ our drama festival in February.

2月に学芸会があります。

④ ☐ ☐ our graduation ceremony in March.

3月に卒業式があります。

4 絵に合う英語を，☐ から選んで ☐ に書きましょう。　〈14点〉

We have our sports day in May.
We have our field trip in October.

★文の最後にはピリオドをつけよう。

Words & Phrases　school trip：修学旅行　music festival：音楽祭　drama festival：学芸会
graduation ceremony：卒業式

28

5月に子どもの日があります。
We have Children's Day in May.

月 日　時 分～ 時 分

name

点

　55

1 音声を聞きましょう。

We have Children's Day in May.
5月に子どもの日があります。

Point! ·

★ We have 〜.　自分の国や地域などの，1年の行事について「〜があります」と言うときも，We have 〜. で表します。

2 音声を聞いて，まねして言いましょう。次に，もう一度言ってから書きましょう。

〈1つ14点〉

① 　We have *Setsubun* in February.

2月に節分があります。

② We have the fireworks festival

in August.

8月に花火大会があります。

③ We have the *mochi* making festival

in December.

12月にもちつき大会があります。

★ 日本語の言葉をローマ字で書くときは，少しななめにします。

Words & Phrases　fireworks festival：花火大会　*mochi* making festival：もちつき大会

©くもん出版

3 音声を聞いて，まねして言いましょう。次に，もう一度言ってから書きましょう。

〈1つ14点〉

①

We ☐ Dolls' Festival
in March.

3月にひな祭りがあります。

②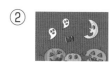

☐ ☐ Halloween
☐ October.

10月にハロウィーンがあります。

③

☐ ☐ Christmas
☐ ☐ .

12月（December）にクリスマスがあります。

4 絵に合う英語を，☐から選んで ‥‥‥ に書きましょう。

〈16点〉

We have Dolls' Festival in March.

We have the fireworks festival in July.

★ 文の最後にはピリオドをつけよう。

Words & Phrases	Dolls' Festival：ひな祭り　Halloween：ハロウィーン　Christmas：クリスマス

🔊 57

1 音声を聞きましょう。

What do you have in April?
4月には何がありますか？

We have our entrance ceremony.
入学式があります。

Point!

★ What do you have in 〜?
— We have 〜.

What do you have in 〜? は，行事などをたずねるときに使える英語です。We have 〜. と答えます。

2 音声を聞いて，まねして言いましょう。次に，もう一度言ってから書きましょう。

〈1つ12点〉

①

What do you have in May?
5月には何がありますか？

We have Children's Day.
子どもの日があります。

②

What do you have in spring?
春には何がありますか？

We have our field trip.
遠足があります。

③

What do you have in October?
10月には何がありますか？

We have our music festival.
音楽祭があります。

Words & Phrases　　entrance ceremony：入学式　field trip：遠足

©くもん出版

3 音声を聞いて，まねして言いましょう。次に，もう一度言ってから書きましょう。

〈1つ15点〉

① What do you have in June ?

6月には何がありますか？

We have our sports day.

運動会があります。

② What do you have in July ?

7月には何がありますか？

⬚⬚ Star Festival.

七夕があります。

③ What do you have in March ?

3月には何がありますか？

⬚⬚ our graduation

ceremony.

卒業式があります。

4 絵を見て，女の子の答えを， ⬚ から選んで ⬚ に書きましょう。　〈19点〉

What do you have in fall ?

> We have our school trip.
> We have Halloween.

★文の最後にはピリオドをつけよう。

月　日　　時　分〜　時　分

name

点

59

1 音声を聞いて，合うほうの絵の記号を○でかこみましょう。　〈1つ7点〉

(1)　　ア　　　　　　イ

(2)　　ア　　　　　　イ

(3)　　ア　　　　　　イ

(4)　　ア　　　　　　イ

2 音声を聞いて，月と行事を線で結びましょう。　〈1つ7点〉

(1)  4月 ●

運動会

(2)  6月 ●

文化祭

(3)  8月 ●

入学式

(4)  10月 ●

合唱コンテスト

©くもん出版

3 絵を見て，□に合う言葉を，▨から選んで書きましょう。 〈1つ8点〉

行事

> our volunteer day
> the fireworks festival
> *Setsubun*

月

> February
> August
> November

(1) We have _____
in _____ .

(2) We have _____
in _____ .

(3) We have _____
in _____ .

4 表を見て，合う英語を，▨から選んで□に書きましょう。 〈1つ10点〉

(1)	5月の行事	遠足
(2)	12月の行事	クリスマス

(1) _____
_____
5月に遠足があります。

(2) _____
_____
12月にクリスマスがあります。

> We have our field trip in May.
> We have Christmas in December.

ぼくはダンスを楽しみました。
I enjoyed dancing.

月 日　時　分〜　時　分

name

点

 61

1 音声を聞きましょう。

{ I enjoyed dancing.
ぼくはダンスを楽しみました。

Point! ....

★ **enjoyed など**　enjoy や play などの後ろに ed をつけると，「した」ことを表す言い方になります。

2 音声を聞いて，まねして言いましょう。次に，もう一度言ってから書きましょう。

〈1つ10点〉

① I play basketball.　　　わたしはバスケットボールをします。

I played basketball.

わたしはバスケットボールをしました。

② I visit Kyoto.　　ぼくは京都をおとずれます。

I visited Kyoto.

ぼくは京都をおとずれました。

③ I help my mother.　わたしはお母さんを手伝います。

I helped my mother.

わたしはお母さんを手伝いました。

④ I wash my father's car.　ぼくはお父さんの車を洗います。

I washed my father's car.

ぼくはお父さんの車を洗いました。

Words & Phrases　enjoy：楽しむ　help：手伝う　my father's：お父さんの　car：車

©くもん出版

3 音声を聞いて，まねして言いましょう。次に，もう一度言ってから書きましょう。

★④は，全部自分で書いてみましょう。〈1つ12点〉

① I play the piano.　　　　　　　　わたしはピアノをひきます。

I played the piano.

わたしはピアノをひきました。

② I visit Aya's house.　　　　　　ぼくはアヤの家をおとずれます。

I ☐ Aya's house.

ぼくはアヤの家をおとずれました。

③ I help my teacher.　　　　　　わたしは先生を手伝います。

☐ ☐ my teacher.

わたしは先生を手伝いました。

④ I enjoy swimming.　　　　　　ぼくは水泳を楽しみます。

ぼくは水泳を楽しみました。

4 絵の中の人物が話しています。合う英語を，☐から選んで＿＿＿に書きましょう。〈12点〉

I enjoyed fishing.
I enjoyed cycling.

★文の最後にはピリオドをつけよう。

Words & Phrases　　house：家

63

1 音声を聞きましょう。

I went to Kyoto.
わたしは京都に行きました。

Point!

★ went, ate, saw

「した」ことを表すとき，go は went に，eat は ate に，see は saw になります。

2 音声を聞いて，まねして言いましょう。次に，もう一度言ってから書きましょう。

〈1つ10点〉

① I eat toast.　　　　　　　　　　ぼくはトーストを食べます。

I ate toast.

ぼくはトーストを食べました。

② I see a frog.　　　　　　　　　　わたしはかえるを見ます。

I saw a frog.

わたしはかえるを見ました。

③ I go to the park.　　　　　　　　ぼくは公園に行きます。

I went to the park.

ぼくは公園に行きました。

④ I eat steak.　　　　　　　　　　わたしはステーキを食べます。

I ate steak.

わたしはステーキを食べました。

| Words & Phrases | went：行った　ate：食べた　toast：トースト　saw：見た，見えた　frog：かえる |

©くもん出版

3 音声を聞いて、まねして言いましょう。次に、もう一度言ってから書きましょう。

★④は、全部自分で書いてみましょう。〈1つ12点〉

① I go to the zoo. ぼくは動物園に行きます。

I went to the zoo.

ぼくは動物園に行きました。

② I see penguins. ぼくはペンギンを見ます。

I ☐ penguins.

ぼくはペンギンを見ました (saw)。

③ I go to the coffee shop. わたしはコーヒーショップに行きます。

☐ ☐ ☐ the coffee shop.

わたしはコーヒーショップに行きました。

④ I eat sandwiches. わたしはサンドイッチを食べます。

わたしはサンドイッチを食べました (ate)。

4 絵の中の人物が話しています。合う英語を、☐ から選んで ☐ に書きましょう。

〈12点〉

> I enjoyed skiing.
> I went to Hokkaido.

★文の最後にはピリオドをつけよう。

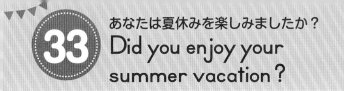

月　日　　時　分〜　時　分

name

点

 65

1 音声を聞きましょう。

 Did you enjoy your summer vacation?

あなたは夏休みを楽しみましたか？

 Yes, I did. 　　　No, I didn't.

はい，楽しみました。　　　いいえ，楽しみませんでした。

Point!

★ Did you 〜?

— Yes, I did. / No, I didn't.

「〜しましたか？」とたずねるときは，Did you 〜？と言います。答え方は，「はい」→ Yes, I did. 「いいえ」→ No, I didn't. です。

2 音声を聞いて，まねして言いましょう。次に，もう一度言ってから書きましょう。

〈1つ12点〉

① Did you **go to Osaka**?

あなたは大阪に行きましたか？

 Yes, I did.

はい，行きました。

② Did you **eat** *takoyaki*?

あなたはたこ焼きを食べましたか？

 No, I didn't.

いいえ，食べませんでした。

③ Did you **see the castle**?

あなたはお城を見ましたか？

 Yes, I did.

はい，見ました。

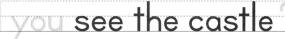

Words & Phrases　　summer vacation：夏休み

©くもん出版

3 音声を聞いて，まねして言いましょう。次に，もう一度言ってから書きましょう。

〈1つ15点〉

①

Did you visit a zoo ?

あなたは動物園をおとずれましたか？

No, I didn't.

いいえ，おとずれませんでした。

②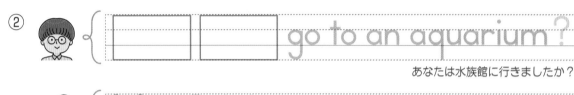

□ □ go to an aquarium ?

あなたは水族館に行きましたか？

Yes, I did.

はい，行きました。

③

□ □ see jellyfish ?

あなたはくらげを見ましたか？

□ , □ .

いいえ，見ませんでした。

4 絵を見て，先生の質問を，□ から選んで □ に書きましょう。　〈19点〉

Yes, I did.

Did you enjoy cooking ?
Do you cook well ?

★文の最後にはクエスチョン・マークをつけよう。

月 日　時 分〜 時 分
name
点

 67

1 音声を聞きましょう。

I went camping.
ぼくはキャンプに行きました。

It was fun.
楽しかったです。

Point!

★ It was 〜.

自分のしたことや食べたものなどについて,「〜でした」と感想を言うときは, It was 〜. で表します。

2 音声を聞いて, まねして言いましょう。次に, もう一度言ってから書きましょう。

〈1つ10点〉

① I went to the mountains.　わたしは山に行きました。

It was fun.

楽しかったです。

② I saw fireworks.　ぼくは花火を見ました。

It was exciting.

わくわくしました。

③ I saw kangaroos.　わたしはカンガルーを見ました。

It was fun.

楽しかったです。

④ I ate watermelon.　ぼくはすいかを食べました。

It was delicious.

おいしかったです。

Words & Phrases

camping：キャンプ（をすること）　fun：楽しい, おもしろい　mountain：山　firework：花火
exciting：わくわくする　kangaroo：カンガルー　watermelon：すいか　delicious：おいしい

©くもん出版

3 音声を聞いて，まねして言いましょう。次に，もう一度言ってから書きましょう。

〈1つ12点〉

①

I saw an old temple.　わたしは古いお寺を見ました。

It was wonderful.

すばらしかったです。

② I ate steak.　ぼくはステーキを食べました。

It _____ delicious.

おいしかったです。

③ I went to a museum.　わたしは美術館に行きました。

____ ____ exciting.

わくわくしました。

④ I went to an amusement park.　ぼくは遊園地に行きました。

____ ____ ____ .

楽しかったです。

4 男の子のせりふの（　）に合う英語を，[　　]から選んで＝＝＝＝に書きましょう。

〈12点〉

I went to a stadium.
（　　）

It was delicious.
It was exciting.

★文の最後にはピリオドをつけよう。

What did you do？

月 日　時 分〜 時 分
name
点

🔊 69

1 音声を聞きましょう。

 What did you do？
あなたは何をしましたか？

 I went to a stadium.
スタジアムに行きました。

Point!

★ What did you 〜？

What did you 〜？は「あなたは何を〜しましたか？」とたずねるときの言い方です。enjoyed や went などを使って答えることができます。

2 音声を聞いて，まねして言いましょう。次に，もう一度言ってから書きましょう。

〈1つ12点〉

① What did you eat？
あなたは何を食べましたか？

 I ate a peach.
ももを食べました。

② What did you see？
あなたは何を見ましたか？

I saw koalas.
コアラを見ました。

③ What did you do？
あなたは何をしましたか？

 I washed my father's car.
お父さんの車を洗いました。

Words & Phrases　peach：もも

©くもん出版

3 音声を聞いて，まねして言いましょう。次に，もう一度言ってから書きましょう。

〈1つ16点〉

① What did you see?

あなたは何を見ましたか？

I saw an elephant.

ぞうを見ました。

② ☐ ☐ you do?

あなたは何をしましたか？

I enjoyed camping.

キャンプを楽しみました。

③ ☐ ☐ ☐ eat?

あなたは何を食べましたか？

I ate rice balls.

おにぎりを食べました。

4 絵を見て，先生の質問を， ☐ から選んで ⌐⌐⌐ に書きましょう。 〈16点〉

I enjoyed cycling.

What did you do?
What did you eat?

★ 文の最後にはクエスチョン・マークをつけよう。

Words & Phrases　　rice ball：おにぎり

月　日　　時　分〜　時　分

name

点

71

1 音声を聞いて，合うほうの絵の記号を〇でかこみましょう。

〈1つ5点〉

(1)　　ア　　　　　イ

(2)　　ア　　　　　イ

(3)　　ア　　　　　イ

(4)　　ア　　　　　イ

2 音声を聞いて，合う絵をア〜エから選び，（　　）に記号を書きましょう。　〈1つ8点〉

(1) (　　　　　)　　(2) (　　　　　)　　(3) (　　　　)　　(4) (　　　　　)

ア

イ

ウ

エ

3 絵を見て，_____に合う言葉を，▨▨▨から選んで書きましょう。　〈1つ7点〉

(1) I _____ camping.　ぼくはキャンプに行きました。

(2) I _____ watermelon.　すいかを食べました。

(3) It _____ fun.　楽しかったです。

ate
was
went

4 絵を見て，_____に合う英語を，▨▨▨から選んで書きましょう。　〈1つ9点〉

No, I didn't.
I saw fireworks.
I went to Kyoto.

(1) Where did you go?　あなたはどこに行きましたか？

_____

わたしは京都に行きました。

(2) Did you see the temples?　あなたはお寺を見ましたか？

_____

いいえ，見ませんでした。

(3) What did you do?　あなたは何をしましたか？

_____

花火を見ました。

わたしたちの町には美術館があります。

We have a museum in our town.

🔊 73

1 音声を聞きましょう。

We have a museum in our town.
わたしたちの町には美術館があります。

Point!

★ We have 〜.　自分の町や市にあるものについて「〜があります」と言うときは，We have 〜. で表します。

2 音声を聞いて，まねして言いましょう。次に，もう一度言ってから書きましょう。

〈1つ10点〉

①
We have a big park in our town.
わたしたちの町には大きな公園があります。

② We have a fire station in our town.
ぼくたちの町には消防署があります。

③ We have a zoo in our town.
わたしたちの町には動物園があります。

④ We have a police station in our town.
ぼくたちの町には警察署があります。

⑤ We have an old temple in our town.
わたしたちの町には古いお寺があります。

Words & Phrases　town：町　big：大きい　fire station：消防署　police station：警察署

3 音声を聞いて，まねして言いましょう。次に，もう一度言ってから書きましょう。

★③は，全部自分で書いてみましょう。〈1つ12点〉

①

We have an aquarium in our town.

ぼくたちの町には水族館があります。

②

We ☐ a swimming pool in our town.

わたしたちの町にはプールがあります。

③

ぼくたちの町には美術館（a museum）があります。

4 絵に合う英語を，☐から選んで┄┄┄に書きましょう。 〈14点〉

We have an aquarium
in our town.

We have a museum
in our town.

★文の最後にはピリオドをつけよう。

Words & Phrases　swimming pool：プール

🔊 75

1 音声を聞きましょう。

We have a zoo in our town.
わたしたちの町に動物園があります。

We can **see** many birds.
たくさんの鳥を見ることができます。

Point! ....

★ We can 〜 .　自分の町にある施設について，そこでできることを言うときは，We can 〜 . で表します。

2 音声を聞いて，まねして言いましょう。次に，もう一度言ってから書きましょう。

〈1つ12点〉

①

We have a library in our town.
ぼくたちの町に図書館があります。

We can read many books.
たくさんの本を読むことができます。

②

We have a department store in our town.
わたしたちの町にデパートがあります。

We can enjoy shopping.
買い物を楽しむことができます。

③

We have a museum in our town.
ぼくたちの町に美術館があります。

We can see beautiful pictures.
美しい写真を見ることができます。

Words & Phrases　many：たくさんの　bird：鳥　read：読む　shopping：買い物　beautiful：美しい
picture：絵・写真

©くもん出版

3 音声を聞いて，まねして言いましょう。次に，もう一度言ってから書きましょう。

〈1つ16点〉

① We have a swimming pool in our town.

ぼくたちの町にプールがあります。

We can enjoy swimming.

水泳を楽しむことができます。

② We have an aquarium in our town.

わたしたちの町に水族館があります。

see many fish.

たくさんの魚を見ることができます。

③ We have a big park in our town.

ぼくたちの町に大きな公園があります。

baseball.

野球をする (play) ことができます。

4 絵の施設でできることを， ▢ から選んで ┈ に書きましょう。 〈16点〉

We can see jellyfish.
We can play tennis.

★ 文の最後にはピリオドをつけよう。

39 確認問題⑦

〈月 日　時 分〜 時 分〉

name

点

🔊 77

1 音声を聞いて，合うものをア〜エから選び，（　　）に記号を書きましょう。　〈1つ8点〉

(1) (　　　　　)　　(2) (　　　　　)　　(3) (　　　　　)　　(4) (　　　　　)

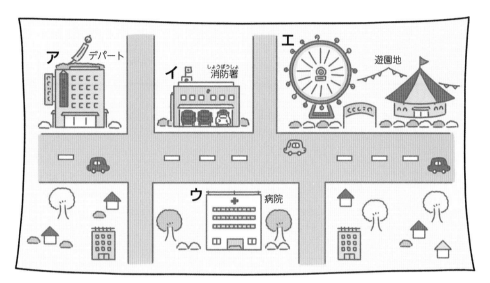

2 音声を聞いて，それぞれの人物が話しているものの絵をア〜エから選び，（　　）に記号を書きましょう。　〈1つ12点〉

(1) (　　　　　)　　(2) (　　　　　)

ア

イ

ウ

エ

3 次の人物がある場所について説明しています。絵を見て、⬜⬜⬜に合う言葉を、
から選んで書きましょう。　　　　　　　　　　　　　　　〈1つ10点〉

| kangaroos | library | books | zoo |

(1)
We have a _____ in our town.

We can read new _____ .

(2)
We have a _____ in our town.

We can see _____ .

4 絵を見て、⬜⬜⬜に合う英語を、　　　　　から選んで書きましょう。　〈1つ12点〉

(1) We have a big park in our town.

_____

バレーボールをして楽しむことができます。

(2) We have a swimming pool in our town.

_____

水泳を楽しむことができます。

We can enjoy swimming.
We can enjoy playing volleyball.

40

わたしのいちばんの思い出は遠足です。

My best memory is our field trip.

月　日　　時　分～　時　分

name

点

🔊 79

1 音声を聞きましょう。

{ My best memory is our field trip.
わたしのいちばんの思い出は遠足です。

Point! ‥‥‥‥‥‥‥‥‥‥‥‥‥‥‥‥‥‥‥‥‥‥‥‥‥‥

★ My best memory is ～.　My best memory is ～. は「わたしのいちばんの
思い出は～です」という意味を表します。

2 音声を聞いて，まねして言いましょう。次に，もう一度言ってから書きましょう。

〈1つ14点〉

①

My best memory is our

drama festival.

わたしのいちばんの思い出は学芸会です。

②

My best memory is our

marathon.

ぼくのいちばんの思い出はマラソンです。

③

My best memory is our

speech contest.

ぼくのいちばんの思い出はスピーチコンテストです。

Words & Phrases　　marathon：マラソン　speech contest：スピーチコンテスト

3 音声を聞いて，まねして言いましょう。次に，もう一度言ってから書きましょう。

★③は，全部自分で書いてみましょう。〈1つ14点〉

①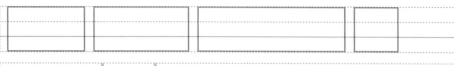

My ☐ ☐ is our

swimming meet.

わたしのいちばんの思い出は水泳大会です。

②

☐ ☐ ☐ ☐

our school trip.

わたしのいちばんの思い出は修学旅行です。

③

ぼくのいちばんの思い出は運動会（our sports day）です。

4 絵の中の人物が話しています。合う英語を，☐から選んで に書きましょう。〈16点〉

My best memory is
our drama festival.

My best memory is
our field trip.

★文の最後にはピリオドをつけよう。

Words & Phrases swimming meet：水泳大会

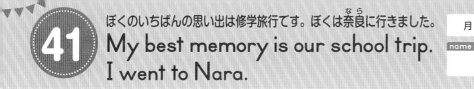

41

ぼくのいちばんの思い出は修学旅行です。ぼくは奈良に行きました。

My best memory is our school trip.
I went to Nara.

月　日　｜　時　分〜　　時　分

name

点

 81

1 音声を聞きましょう。

> My best memory is our school trip.
> ぼくのいちばんの思い出は修学旅行です。
>
> I went to Nara.
> ぼくは奈良に行きました。

Point! ‥‥‥‥‥‥‥‥‥‥‥‥‥‥‥‥‥‥‥‥‥‥‥‥‥‥‥

★ I went to 〜. など　　思い出について説明するときは，went や visited などの言葉を使うことができます。

2 音声を聞いて，まねして言いましょう。次に，もう一度言ってから書きましょう。

〈1つ10点〉

① My best memory is our music festival.
わたしのいちばんの思い出は音楽祭です。

I played the piano.
わたしはピアノをひきました。

② My best memory is our field trip.
ぼくのいちばんの思い出は遠足です。

I went to a zoo.
ぼくは動物園に行きました。

③ My best memory is our school festival.
わたしのいちばんの思い出は文化祭です。

I enjoyed dancing.
わたしはダンスを楽しみました。

④ My best memory is our chorus contest.
ぼくのいちばんの思い出は合唱コンテストです。

I enjoyed singing.
ぼくは歌を楽しみました。

81

©くもん出版

3 音声を聞いて，まねして言いましょう。次に，もう一度言ってから書きましょう。

〈1つ12点〉

① My best memory is our volunteer day.

わたしのいちばんの思い出はボランティアデーです。

I cleaned the park.

わたしは公園をそうじしました。

② My best memory is our music festival.

わたしのいちばんの思い出は音楽祭です。

the guitar.

わたしはギターをひきました (played)。

③ My best memory is our school trip.

ぼくのいちばんの思い出は修学旅行です。

delicious .

ぼくはおいしい食べ物 (food) を食べました (ate)。

④ My best memory is our swimming meet.

ぼくのいちばんの思い出は水泳大会です。

swimming.

ぼくは水泳を楽しみました (enjoyed)。

4 男の子のせりふの（　）に合う英語を， ▢ から選んで ▢ に書きましょう。

〈12点〉

My best memory
is our field trip.
（　　）

I enjoyed cooking.
I went to an aquarium.

★文の最後にはピリオドをつけよう。

42

ぼくは奈良（なら）に行きました。楽しかったです。
I went to Nara. It was fun.

月　日　　時　分〜　時　分

name

点

🔊 83

1 音声を聞きましょう。

I went to Nara.

ぼくは奈良に行きました。

It was fun.

楽しかったです。

Point! ·····

★ It was fun. など　　したことや食べたものなどの感想を言うときは，It was 〜. で表すことができます。

2 音声を聞いて，まねして言いましょう。次に，もう一度言ってから書きましょう。

〈1つ10点〉

① I saw an old temple.　　　　わたしは古いお寺を見ました。

It was interesting.

おもしろかったです。

② I saw a tiger.　　　　ぼくはとらを見ました。

It was cool.

かっこよかったです。

③ I went to the fireworks festival.　ぼくは花火大会に行きました。

It was exciting.

わくわくしました。

④ I ate a peach.　　　　わたしはももを食べました。

It was delicious.

おいしかったです。

Words & Phrases　　interesting：おもしろい

©くもん出版

3 音声を聞いて，まねして言いましょう。次に，もう一度言ってから書きましょう。

★④は，全部自分で書いてみましょう。〈1つ12点〉

① I saw a shrine.　　　　　　　　　　　　ぼくは神社を見ました。

It was beautiful.

美しかったです。

② I played the violin.　　　　　　　　　わたしはバイオリンをひきました。

☐ ☐ fun.

楽しかったです。

③ I visited a castle.　　　　　　　　　わたしはお城をおとずれました。

☐ ☐ great.

すばらしかったです。

④ I went to an aquarium.　　　　　　ぼくは水族館に行きました。

楽しかったです。

4 女の子のせりふの（　　）に合う英語を，☐から選んで‥‥‥に書きましょう。

〈12点〉

I visited an
amusement park.
（　　　　）

It was delicious.
It was exciting.

★文の最後にはピリオドをつけよう。

Words & Phrases　　great : すばらしい

What is your best memory?

月　日　時　分〜　時　分

name

点

 85

1 音声を聞きましょう。

What is your best memory?
あなたのいちばんの思い出は何ですか？

My best memory is our sports day.
わたしのいちばんの思い出は運動会です。

Point! ....

★ What is your best memory?
— My best memory is ～.

What is your best memory? は，相手のいちばんの思い出をたずねるときの言い方です。

2 音声を聞いて，まねして言いましょう。次に，もう一度言ってから書きましょう。

〈1つ20点〉

①

What is your best memory?

あなたのいちばんの思い出は何ですか？

My best memory is **our**

drama festival.

わたしのいちばんの思い出は学芸会です。

②

What is your best memory?

あなたのいちばんの思い出は何ですか？

My best memory is **our**

field trip.

ぼくのいちばんの思い出は遠足です。

©くもん出版

3 音声を聞いて，まねして言いましょう。次に，もう一度言ってから書きましょう。

★②の下は，全部自分で書いてみましょう。〈1つ20点〉

① What is your best memory?

あなたのいちばんの思い出は何ですか？

My ☐ ☐ ☐ our

chorus contest.

ぼくのいちばんの思い出は合唱コンテストです。

② What is your best memory?

あなたのいちばんの思い出は何ですか？

わたしのいちばんの思い出は修学旅行（our school trip）です。

4 絵を見て，男の子の答えを，☐から選んで___に書きましょう。〈20点〉

What is your best memory?

My best memory is our music festival.

My best memory is our sports day.

★文の最後にはピリオドをつけよう。

🔊 87

1 音声を聞いて，合う絵をア〜エから選び，（　　）に記号を書きましょう。　〈1つ8点〉

(1) (　　　　　)　　(2) (　　　　　)

2 音声を聞いて，①は　　　　　から選び，②は下の絵から選んで，（　　）に記号を書きましょう。　〈1つ10点〉

	名前	思い出	したこと
(1)	ケンタ	① (　　　　　)	大阪に行った。
			② (　　　　　)
(2)	マオ	① (　　　　　)	リコーダーをふいた。
			② (　　　　　)

あ sports day
い music festival
う school trip

ア

イ

©くもん出版

3 絵を見て，[_____]に合う英語を，[____]から選んで書きましょう。同じ英語を2回使ってかまいません。　　　　　　　　　　　〈1つ10点〉

(1)
What is your best memory, Miku?

[_____] best memory is our

[_____].

わたしのいちばんの思い出は
運動会です。

(2)
What is your best memory, Tatsuya?

[_____] best memory is our

[_____].

ぼくのいちばんの思い出は
スピーチコンテストです。

speech contest　　　sports day　　　My

4 スピーチ用のメモを見て，①と②に合う英語を，[____]から選んで[_____]に書きましょう。　　　　　　　　　　　〈1つ12点〉

〈メモ〉　いちばんの思い出は遠足。
　　　　　動物園に行った。
　　　　　①たくさんの動物を見た。
　　　　　②楽しかった。

It was fun.
I saw many animals.

My best memory is our field trip.
I went to a zoo.

① [_____]

② [_____]

わたしは教師になりたいです。
I want to be a teacher.

🔊 89

1 音声を聞きましょう。

I want to be a teacher.
わたしは教師になりたいです。

Point! ....

★ I want to be 〜 .　　将来なりたいものを言うときは，I want to be 〜. で表します。

2 音声を聞いて，まねして言いましょう。次に，もう一度言ってから書きましょう。

〈1つ8点〉

①

I want to be a cook.

ぼくは料理人になりたいです。

②

I want to be a doctor.

ぼくは医者になりたいです。

③

I want to be a farmer.

ぼくは農場経営者になりたいです。

④

I want to be a dentist.

わたしは歯医者になりたいです。

⑤

I want to be a nurse.

わたしは看護師になりたいです。

Words & Phrases　　cook：料理人　dentist：歯医者　nurse：看護師

©くもん出版

3 音声を聞いて，まねして言いましょう。次に，もう一度言ってから書きましょう。

★⑤は，全部自分で書いてみましょう。〈1つ9点〉

① I want to be a police officer.

わたしは警察官になりたいです。

② to be a fire fighter.

ぼくは消防士になりたいです。

③ be an actor.

わたしは俳優になりたいです。

④ a pilot.

ぼくはパイロットになりたいです。

⑤

わたしは教師（a teacher）になりたいです。

4 絵の中の人物が話しています。合う英語を， から選んで に書きましょう。

〈15点〉

> I want to be a cook.
>
> I want to be a nurse.

★ 文の最後にはピリオドをつけよう。

Words & Phrases　　police officer：警察官　fire fighter：消防士　actor：俳優　pilot：パイロット

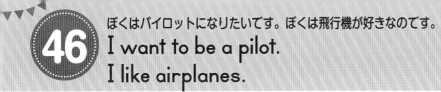

46
ぼくはパイロットになりたいです。ぼくは飛行機が好きなのです。
I want to be a pilot.
I like airplanes.

月 日　時 分〜 時 分
name
点

91

1 音声を聞きましょう。

I want to be a pilot.
ぼくはパイロットになりたいです。

I like airplanes.
ぼくは飛行機が好きなのです。

Point!

★ **I like 〜 . など**　自分がなりたいものについて，なりたい理由を言うときは，I like 〜 . や I'm good at 〜 . などを使って表すことができます。

2 音声を聞いて，まねして言いましょう。次に，もう一度言ってから書きましょう。

〈1つ10点〉

①
I want to be a cook.
わたしは料理人になりたいです。

I'm good at cooking.

わたしは料理が得意なのです。

②
I want to be a musician.
ぼくは音楽家になりたいです。

I'm good at playing the violin.

ぼくはバイオリンをひくのが得意なのです。

③
I want to be a florist.
わたしは花屋になりたいです。

I like flowers.

わたしは花が好きなのです。

④
I want to be a vet.
ぼくはじゅう医になりたいです。

I want to help animals.

ぼくは動物を助けたいのです。

Words & Phrases　airplane：飛行機　musician：音楽家　flower：花　help：助ける

©くもん出版

3 音声を聞いて，まねして言いましょう。次に，もう一度言ってから書きましょう。

〈1つ12点〉

① I want to be a farmer. わたしは農場経営者になりたいです。

I like vegetables.

わたしは野菜が好きなのです。

② I want to be a singer. わたしは歌手になりたいです。

I'm good at singing.

わたしは歌が得意なのです。

③ I want to be an artist. わたしは芸術家になりたいです。

| | | | drawing. |

わたしは絵をかくのが得意なのです。

④ I want to be a baker. わたしはパン職人になりたいです。

| | | bread. |

わたしはパンが好きなのです。

4 男の子のせりふの（　　）に合う英語を，□□□から選んで┈┈┈に書きましょう。

〈12点〉

I want to be
a farmer.
(　　　)

I like animals.
I like fruit.

★文の最後にはピリオドをつけよう。

Words & Phrases　　vegetable：野菜

What do you want to be ?

月 日　時 分〜 時 分
name
点

🔊 93

1 音声を聞きましょう。

What do you want to be ?
あなたは何になりたいですか？

I want to be a teacher.
わたしは教師になりたいです。

Point!
★ What do you want to be ?
— I want to be 〜.

What do you want to be ? は，相手がなりたいものをたずねるときの言い方です。I want to be 〜. と答えます。

2 音声を聞いて，まねして言いましょう。次に，もう一度言ってから書きましょう。

〈1つ12点〉

①
What do you want to be ?
あなたは何になりたいですか？

I want to be a flight attendant.
わたしは客室乗務員になりたいです。

②
What do you want to be ?
あなたは何になりたいですか？

I want to be a programmer.
ぼくはプログラマーになりたいです。

③
What do you want to be ?
あなたは何になりたいですか？

I want to be a zookeeper.
わたしは動物園の飼育員になりたいです。

Words & Phrases　flight attendant：客室乗務員　programmer：プログラマー
zookeeper：動物園の飼育員

©くもん出版

3 音声を聞いて，まねして言いましょう。次に，もう一度言ってから書きましょう。

★③の下は，全部自分で書いてみましょう。〈1つ16点〉

①

What do you want to be ?

あなたは何になりたいですか？

I want to be an astronaut.

ぼくは宇宙飛行士になりたいです。

② What do you want to be ?

あなたは何になりたいですか？

☐ ☐ ☐ ☐ a carpenter.

ぼくは大工になりたいです。

③ What do you want to be ?

あなたは何になりたいですか？

わたしは医者（a doctor）になりたいです。

4 絵を見て，男の子の答えを，☐から選んで……に書きましょう。〈16点〉

What do you want to be ?

I want to be a nurse.
I want to be an astronaut.

★ 文の最後にはピリオドをつけよう。

Words & Phrases　astronaut：宇宙飛行士　carpenter：大工

48 確認問題⑨

月 日　時 分〜 時 分
name
点

95

1 音声を聞いて，合う絵をア〜エから選び，（　）に記号を書きましょう。　〈1つ8点〉

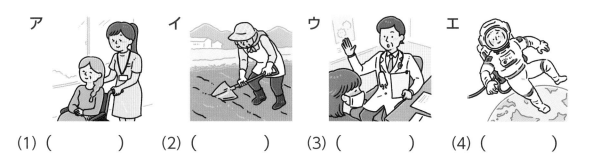

ア　イ　ウ　エ

(1) （　　　）　(2) （　　　）　(3) （　　　）　(4) （　　　）

2 音声を聞いて，それれぞれの人物のなりたいものと，なりたい理由を線で結びましょう。

〈1つ10点〉

〈 なりたいもの 〉　〈 なりたい理由 〉

singer

dentist

vet

musician

(1) カイト

(2) ハナ

ア

イ

ウ

エ

95

©くもん出版

3 絵を見て，⬚⬚⬚に合う言葉を，▭▭▭から選んで書きましょう。同じ英語を2
回使ってかまいません。　　　　　　　　　　　　　　　　　　　　　　　〈1つ8点〉

(1)

What do you want to be, Asuka?

I want to be a _____.

わたしは動物園の飼育員になりたいです。

(2)

What do you want to be, Tomoki?

I want to be a _____.

ぼくは大工になりたいです。

(3)

What do you want to be, Hide?

I want to be a _____.

ぼくは消防士になりたいです。

fire fighter　　carpenter　　zookeeper

4 プロフィールを見て，（　　）の中の言葉をならべかえ，英文を完成させましょう。

〈1つ12点〉

プロフィール	名前	サキ
	①なりたいもの	料理人
	②理由	料理が得意
		おいしい食べ物を料理したい

I'm Saki.

① I (to, want, be) a cook.

I _____ a cook.　わたしは料理人に
　　　　　　　　　　　　　なりたいです。

② (at, good, I'm) cooking.

_____ cooking.　わたしは料理が
　　　　　　　　　　　　得意です。

I want to cook delicious food.

49 まとめ問題①

月 日　時 分〜 時 分

name

点

🔊 97

1 音声を聞いて，合う絵をア〜エから選び，（　）に記号を書きましょう。　〈1つ6点〉

(1) （　　　）　　(2) （　　　）　　(3) （　　　）　　(4) （　　　）

2 音声を聞いて，それぞれの人物がしょうかいしている人と，その人に関係のあるものを線で結びましょう。　〈1つ8点〉

ア 父

あ

(1)
アキラ

イ 兄

い

ウ 母

う

(2)
ミホ

エ 姉

え

3 次の表を見て，_____に合う言葉を，_____から選んで書きましょう。

〈1つ10点〉

名前	出身地	得意なこと
エミリー・スミス (Emily Smith)	オーストラリア	バイオリン
サンジェ (Sang-jae)	韓国（かんこく）	バスケットボール

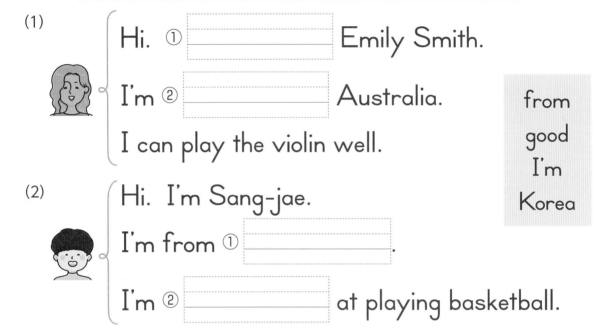

(1)

Hi. ① _____ Emily Smith.

I'm ② _____ Australia.

I can play the violin well.

(2)

Hi. I'm Sang-jae.

I'm from ① _____.

I'm ② _____ at playing basketball.

from
good
I'm
Korea

4 次のマコトの自己（じこ）しょうかいの____の部分を英語にします。（　　）の中の言葉を並べかえ，英文を完成させましょう。文の最後にはピリオドを書きましょう。

〈1つ10点〉

こんにちは。ぼくはマコトです。
①ぼくは動物が好きです。
ぼくは動物を飼っていません。②犬がほしいです。

① (animals, like, I).

_____

② I (a, want, dog).

I_____

50 まとめ問題②

🔊 99

1 音声を聞いて，それぞれの人物が行った場所を選び，記号を〇でかこみましょう。

〈1つ8点〉

(1) ア　　　イ

(2) ア　　　イ

(3) ア　　　イ

(4) ア　　　イ

2 音声を聞いて，話している人物を選び，（　　）に記号を書きましょう。　〈1つ8点〉

(1) （　　　　　）　　(2) （　　　　　）

ア
> おおさか
> 大阪へ行った。
> お城を見た。

イ
> おきなわ
> 沖縄へ行った。
> おいしい食べ物を食べた。

ウ
> ほっかいどう
> 北海道へ行った。
> 動物園に行った。

エ
> とうきょう
> 東京へ行った。
> 買い物をした。

©くもん出版

3 メモを見て、 ＿＿＿＿ に合う英語を、 ［　　　　　］ から選んで書きましょう。

〈1つ8点〉

〈メモ〉

> 5月は遠足。
> ぼくのいちばんの思い出は遠足。
> 水族館に行った。
> いるかを見た。
> わくわくした。

［ was
dolphins
an aquarium
best memory ］

We have our field trip in May.

My ① ＿＿＿＿＿＿＿＿ is our field trip.

I went to ② ＿＿＿＿＿＿＿＿ .

I saw ③ ＿＿＿＿＿＿ .

It ④ ＿＿＿＿＿＿ exciting.

4 夏休みについての日本語の文章に合うように、（　　）の中の言葉をならべかえ、英文を完成させましょう。②は、文の最後に、ピリオドを書きましょう。　　〈1つ10点〉

> おじいちゃん
> の家をおとず
> れました。
> ①花火大会に
> 行きました。
>
> ②楽しかった
> です。

I visited my grandfather's house.

① (went, to, I) the fireworks festival.

＿＿＿＿＿＿ the fireworks festival.

② (was, It, fun).

＿＿＿＿＿＿＿＿

51 まとめ問題③

🔊 101

1 音声を聞いて，関係があるほうの絵の記号を〇でかこみましょう。　〈1つ6点〉

(1)　　ア　　　　　　イ
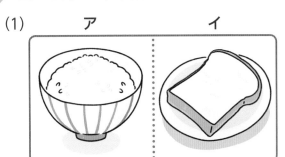

(2)　　ア　　　　　　イ

(3)　　ア　　　　　　イ

(4)　　ア　　　　　　イ
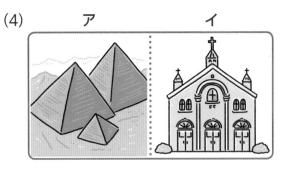

2 音声を聞いて，合う絵をア〜エから選び，（　　）に記号を書きましょう。　〈1つ7点〉

(1) (　　　　　)　　(2) (　　　　　)

ア

イ

ウ

エ

©くもん出版

3 絵を見て，□□□□に合う言葉を，▨▨▨▨から選んで書きましょう。

〈1つ8点〉

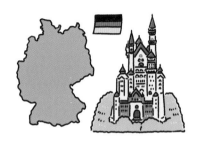

castle
Germany
go
see

Where do you want to go?

I want to ① _____ to ② _____ .

What do you want to do?

I want to ③ _____ an old ④ _____ .

4 サキがスピーチをしています。絵に合うように，（　）の中の言葉をならべかえ，英文を完成させましょう。②は，文の最後にピリオドを書きましょう。　〈1つ10点〉

We have a big park in our town.
① (see, We, can) beautiful flowers.

_____ beautiful flowers.

美しい花を見ることができます。

② (like, flowers, I).

_____

わたしは花が好きです。

③ (be, I, to, want) a florist.

_____ a florist.

わたしは花屋の店員になりたいです。

52 小学校のまとめ

1 次の手順にしたがって，自己しょうかい文を書きましょう。　〈全部書いて50点〉

① あなたの名前をローマ字で書きましょう。

② あなたの出身地を，ローマ字か英語で書きましょう。

③ 例にならって，あなたの好きなものを英語で書きましょう。115〜128ページから選んでもかまいません。

　　例 soccer　　pizza　　apples　　dogs　　dolphins

④ 例にならって，行きたい場所をローマ字か英語で書きましょう。115〜128ページから選んでもかまいません。

　　例 Tokyo　　Kyoto　　Hokkaido　　Australia　　Italy

⑤ ①〜④で書いたことを使って，自己しょうかいの文章を完成させましょう。文の最後にはピリオドを書きましょう。

I'm

I'm from

I like

I want to go to

2 次の手順にしたがって，自己しょうかい文を書きましょう。 〈全部書いて50点〉

① あなたの名前をローマ字で書きましょう。

② あなたの出身地を，ローマ字か英語で書きましょう。

③ 例にならって，あなたの得意なことを英語で書きましょう。115〜128ページから選んでもかまいません。

例 playing soccer　　cooking　　singing　　animals

④ 例にならって，将来なりたいものを英語で書きましょう。115〜128ページから選んでもかまいません。

例 a soccer player　　a cook　　a singer　　a vet

⑤ ①〜④で書いたことを使って，自己しょうかいの文章を完成させましょう。文の最後にはピリオドを書きましょう。

I'm

I'm from

I'm good at

I want to be

▶ 書けたら，英語を読みましょう。

解答

※音声の内容を書きとる問題は答えを省略しています。
※配点の(1つ○点)は、①②などの1問あたりの点数です。

10 P.19-20 **I like pancakes.**

4 I'm Shin. I like cats.

11 P.21-22 **I'm good at cooking.**

4 I'm Yuki. I'm good at skating.

12 P.23-24 **What food do you like?**

4 I like volleyball.

13 P.25-26 かくにん **確認問題①**

1 (1) イ (2) ア (3) ア (4) イ

🔊 **読まれた英語**
(1) I'm Takumi. I'm from Kyoto.
(2) I'm Sakura. I'm good at basketball.
(3) 先生：What animal do you like?
　　男子：I like pandas.
(4) 先生：What season do you like?
　　女子：I like spring.

▶ **ポイント**
読まれた英語の意味は次のとおりです。
(1) 「ぼくはタクミです。ぼくは京都の出身です」
(2) 「わたしはサクラです。わたしはバスケットボールが得意です」
(3) 「あなたは何の動物が好きですか？」「ぼくはパンダが好きです」
(4) 「あなたは何の季節が好きですか？」「わたしは春が好きです」

2 (1) 出身地　　　Okayama
　　 得意なこと　swimming
　 (2) 出身地　　　Yamagata
　　 好きなもの　cherries

🔊 **読まれた英語**
(1) I'm Kenta. I'm from Okayama. I'm good at swimming.
(2) I'm Ryoko. I'm from Yamagata. I like cherries.

▶ **ポイント**
読まれた英語の意味は次のとおりです。
(1) 「ぼくはケンタです。岡山の出身です。水泳が得意です」
(2) 「わたしはリョウコです。山形の出身です。さくらんぼが好きです」

3 (1) I like steak.
　 (2) I like tigers.

4 (1) I'm　(2) from　(3) like
　 (4) good at

14 P.27-28 **I go to school at eight.**

4 I get home at three forty.

15 P.29-30 **I clean my room on Sundays.**

4 I study math on Thursdays.

16 P.31-32 **What do you do on Sundays? — I clean my room.**

4 I study English.

17 P.33-34 確認問題②

1 (1) イ　(2) イ　(3) ア　(4) ア

 **読まれた英語**

(1) I usually wash the dishes.
(2) I always watch TV at seven.
(3) I usually go to bed at ten thirty.
(4) I always study English at six.

▶ **ポイント**

読まれた英語の意味は次のとおりです。
(1) 「ぼくはたいていお皿を洗います」
(2) 「わたしはいつも7時にテレビを見ます」
(3) 「ぼくはたいてい10時30分にねます」
(4) 「わたしはいつも6時に英語を勉強します」

2 (1) イ　(2) ア　(3) イ　(4) イ

読まれた英語

(1) 男子：What do you do on Saturdays, Saki?
　　女子：I do my homework.
(2) 女子：What do you do on Saturdays, Koji?
　　男子：I go shopping.
(3) 男子：What do you do on Sundays, Saki?
　　女子：I listen to music.
(4) 女子：What do you do on Sundays, Koji?
　　男子：I play baseball.

▶ **ポイント**

Saturday「土曜日」，Sunday「日曜日」，do my homework「宿題をする」，go shopping「買い物に行く」，listen to music「音楽を聞く」，play baseball「野球をする」をしっかり聞き分けましょう。

3 (1) I have Japanese on Tuesdays.
(2) I play baseball on Saturdays.
(3) I take a bath at nine.

4 (1) I walk the dog.
(2) I study Japanese.

18 P.35-36 He is my teacher.

4 (例1) This is my father. He is a vet.
(例2) This is my sister. She is an artist.

19 P.37-38 He is good at swimming.

4 He is good at dancing.

20 P.39-40 Who is he? — He is Shin.

4 He is my brother.

21 P.41-42 確認問題③

1 (1) ○　(2) ×　(3) ○　(4) ×

読まれた英語

(1) This is Kento. He is my friend.
(2) She is Miho. She is my sister.
(3) 女子：Who is she?
　　男子：She is my friend. She is a tennis player.
(4) 男子：Who is he?
　　女子：He is my brother. He is good at baseball.

▶ **ポイント**

読まれた英語の意味は次のとおりです。
(1) 「こちらはケントです。かれはぼくの友達です」
(2) 「かの女はミホです。かの女はわたしの妹です」
(3) 「かの女はだれですか？」「かの女はぼくの友達です。かの女はテニス選手です」
(4) 「かれはだれですか？」「かれはわたしのお兄さんです。かれは野球が得意です」

2 (1) イ (2) ア (3) ウ

 読まれた英語

(1) This is Satoru. He is my brother.
He is good at badminton.
(2) This is Mr. Suzuki. He is my
teacher. He is good at singing.
(3) This is Ayaka. She is my sister.
She is good at skiing.

▶ ポイント
読まれた英語の意味は次のとおりです。
(1) 「こちらはサトルです。かれはわたしのお兄さんです。かれはバドミントンが得意です」
(2) 「こちらはスズキ先生です。かれはわたしの先生です。かれは歌が得意です」
(3) 「こちらはアヤカです。かの女はわたしの妹です。かの女はスキーが得意です」

3 (1) He, skating
(2) She, cooking

4 ① friend ② from ③ good

▶ ポイント
① 「友達」は friend です。
② She is from 〜. で「かの女は〜の出身です」という意味になります。
③ She is good at 〜. で「かの女は〜が得意です」という意味になります。

22 P.43-44 **I want to go to Canada.**

4 I want to go to Italy.

23 P.45-46 **I want to see a lake.**

4 I want to visit a museum.

24 P.47-48 **Where do you want to go?**

4 I want to go to India.

25 P.49-50 **Why do you want to go to Canada?**

4 I want to see a castle.

26 P.51-52 確認問題④

1 (1) ア (2) ア

 読まれた英語

(1) I'm Juntaro. I want to go to China.
(2) I'm Amie. I want to go to Australia.

▶ ポイント
読まれた英語の意味は次のとおりです。
(1) 「ぼくはジュンタロウです。ぼくは中国に行きたいです」
(2) 「わたしはアミーです。わたしはオーストラリアに行きたいです」

2 (1) ハルナ ― India ― ウ
(2) ケイタ ― Russia ― ア

 読まれた英語

(1) 男子：Where do you want to go,
Haruna？
女子：I want to go to India.
男子：Why do you want to go to
India？
女子：I want to see temples.
(2) 女子：Where do you want to go,
Keita？
男子：I want to go to Russia.
女子：Why do you want to go to
Russia？
男子：I want to visit a museum.

▶ ポイント
読まれた英語の意味は次のとおりです。
(1) 「あなたはどこに行きたいですか，ハルナ？」「わたしはインドに行きたいです」「どうしてインドに行きたいのですか？」「お寺が見たいのです」
(2) 「あなたはどこに行きたいですか，ケイタ？」「ぼくはロシアに行きたいです」「どうしてロシアに行きたいのですか？」「美術館をおとずれたいのです」

3 (1) the U.K.
(2) a castle

4 ① go to Australia
② see koalas

27 P.53-54 **We have our sports day in June.**

④ We have our sports day in May.

28 P.55-56 **We have Children's Day in May.**

④ We have the fireworks festival in July.

29 P.57-58 **What do you have in April?**

④ We have our school trip.

30 P.59-60 かくにん **確認問題⑤**

① (1) イ (2) ア (3) ア (4) イ

🔊 **読まれた英語**

(1) We have our music festival in September.
(2) We have our drama festival in February.
(3) We have Dolls' Festival in March.
(4) We have Halloween in October.

▶ **ポイント**
月の名前と行事の名前をしっかり聞き分けましょう。

② (1) 4月 ― 入学式
(2) 6月 ― 運動会
(3) 8月 ― 合唱コンテスト
(4) 10月 ― 文化祭

🔊 **読まれた英語**

(1) 先生：What do you have in April?
　　男子：We have our entrance ceremony.
(2) 先生：What do you have in June?
　　男子：We have our sports day.
(3) 先生：What do you have in August?
　　男子：We have our chorus contest.
(4) 先生：What do you have in October?
　　男子：We have our school festival.

▶ **ポイント**
(1) entrance ceremony「入学式」、(2) sports day「運動会」、(3) chorus contest「合唱コンテスト」、(4) school festival「文化祭」をしっかり聞き分けましょう。

③ (1) Setsubun, February
(2) our volunteer day, November
(3) the fireworks festival, August

④ (1) We have our field trip in May.
(2) We have Christmas in December.

31 P.61-62 **I enjoyed dancing.**

④ I enjoyed cycling.

32 P.63-64 **I went to Kyoto.**

④ I went to Hokkaido.

33 P.65-66 **Did you enjoy your summer vacation?**

④ Did you enjoy cooking?

34 P.67-68 **It was fun.**

4 It was exciting.

35 P.69-70 **What did you do?**

4 What did you do?

36 P.71-72 確認問題⑥

1 (1) ア (2) ア (3) イ (4) イ

🔊 読まれた英語

(1) 男子：What did you do, Sayaka?
　　女子：I went to the beach.
(2) 男子：Did you enjoy swimming?
　　女子：Yes, I did.
(3) 女子：What did you do, Shota?
　　男子：I went to the mountains.
(4) 女子：Did you enjoy camping?
　　男子：No, I didn't. I enjoyed fishing.

▶ポイント
読まれた英語の意味は次のとおりです。
(1)「あなたは何をしましたか，サヤカ？」「海岸に行きました」
(2)「あなたは水泳を楽しみましたか？」「はい，楽しみました」
(3)「あなたは何をしましたか，ショウタ？」「山に行きました」
(4)「あなたはキャンプを楽しみましたか？」「いいえ。つりを楽しみました」

2 (1) エ (2) イ (3) ア (4) ウ

🔊 読まれた英語

(1) I visited Tokyo.
(2) I went to the zoo.
(3) I saw pandas.
(4) I ate a hamburger.

▶ポイント
読まれた英語の意味は次のとおりです。
(1)「わたしは東京をおとずれました」
(2)「わたしは動物園に行きました」
(3)「わたしはパンダを見ました」
(4)「わたしはハンバーガーを食べました」

3 (1) went (2) ate (3) was

▶ポイント
ate は「食べた」，was は「～だった」，went は「行った」という意味を表します。

4 (1) I went to Kyoto.
(2) No, I didn't.
(3) I saw fireworks.

▶ポイント
(2) Did you ～? と聞かれたら，Yes, I did. または No, I didn't. と答えます。

37 P.73-74 **We have a museum in our town.**

4 We have an aquarium in our town.

38 P.75-76 **We can see many birds.**

4 We can play tennis.

39 P.77-78 確認問題⑦

1 (1) ウ (2) エ (3) イ (4) ア

🔊 読まれた英語

(1) We have a hospital in our town.
(2) We have an amusement park in our town.
(3) We have a fire station in our town.
(4) We have a department store in our town.

▶ポイント
読まれた英語の意味は次のとおりです。
(1)「わたしたちの町には病院があります」
(2)「わたしたちの町には遊園地があります」
(3)「わたしたちの町には消防署があります」
(4)「わたしたちの町にはデパートがあります」

2 (1) イ (2) ウ

 読まれた英語

(1) We have an aquarium in our town.
We can see many fish.

(2) We have a museum in our town.
We can see beautiful pictures.

▶ ポイント

読まれた英語の意味は次のとおりです。
(1)「わたしたちの町に水族館があります。たくさんの魚を見ることができます」
(2)「わたしたちの町に美術館があります。美しい絵を見ることができます」

3 (1) library / books
(2) zoo / kangaroos

▶ ポイント

(1)は「ぼくたちの町には図書館があります。新しい本を読むことができます」という意味です。
(2)は「わたしたちの町には動物園があります。カンガルーを見ることができます」という意味です。

4 (1) We can enjoy playing volleyball.
(2) We can enjoy swimming.

---

40 P.79-80 | My best memory is our field trip.

4 My best memory is our drama festival.

---

41 P.81-82 | My best memory is our school trip. I went to Nara.

4 I went to an aquarium.

---

42 P.83-84 | I went to Nara. It was fun.

4 It was exciting.

---

43 P.85-86 | What is your best memory?

4 My best memory is our music festival.

---

44 P.87-88 確認問題⑧

1 (1) エ (2) ウ

 読まれた英語

(1) 先生：What is your best memory?
男子：My best memory is our speech contest.

(2) 先生：What is your best memory?
女子：My best memory is our sports day.

▶ ポイント

読まれた英語の意味は次のとおりです。
(1)「あなたのいちばんの思い出は何ですか？」「ぼくのいちばんの思い出はスピーチコンテストです」
(2)「あなたのいちばんの思い出は何ですか？」「わたしのいちばんの思い出は運動会です」

2 (1) ① う ② ア (2) ① い ② イ

読まれた英語

(1) I'm Kenta. My best memory is our school trip. I went to Osaka. I ate *takoyaki*. It was delicious.

(2) I'm Mao. My best memory is our music festival. I played the recorder. I enjoyed singing. It was great.

▶ ポイント

読まれた英語の意味は次のとおりです。
(1)「ぼくはケンタです。ぼくのいちばんの思い出は修学旅行です。ぼくは大阪に行きました。たこ焼きを食べました。おいしかったです」
(2)「わたしはマオです。わたしのいちばんの思い出は音楽祭です。わたしはリコーダーをふきました。歌を楽しみました。すばらしかったです」

3 (1) My, sports day
(2) My, speech contest

4 ① I saw many animals.
② It was fun.

---

45 P.89-90 | I want to be a teacher.

4 I want to be a cook.

46 P.91-92 I want to be a pilot. I like airplanes.

4 I like fruit.

47 P.93-94 What do you want to be?

4 I want to be a nurse.

48 P.95-96 確認問題⑨

1 (1) ウ　(2) ア　(3) エ　(4) イ

　　🔊 読まれた英語
　　(1) I'm Naoya.　I want to be a doctor.
　　(2) I'm Miyuki.　I want to be a nurse.
　　(3) I'm Haruto.　I want to be an astronaut.
　　(4) I'm Kaori.　I want to be a farmer.

▶ ポイント
I want to be ～. で「ぼく[わたし]は～になりたいです」という意味を表します。

2 (1) カイト — musician — ウ
　　(2) ハナ — vet — ア

　　🔊 読まれた英語
　　(1) 女子：What do you want to be, Kaito?
　　　　男子：I want to be a musician.
　　　　女子：Why?
　　　　男子：I'm good at playing the violin.
　　(2) 男子：What do you want to be, Hana?
　　　　女子：I want to be a vet.
　　　　男子：Why?
　　　　女子：I want to help animals.

▶ ポイント
読まれた英語の意味は次のとおりです。
(1)「あなたは何になりたいですか, カイト?」「ぼくは音楽家になりたいです」「どうしてですか?」「ぼくはバイオリンをひくのが得意なのです」
(2)「あなたは何になりたいですか, ハナ?」「わたしはじゅう医になりたいです」「どうしてですか?」「わたしは動物を助けたいのです」

3 (1) zookeeper　(2) carpenter
　　(3) fire fighter

4 ① I want to be a cook.
　　② I'm good at cooking.

1 (1) エ　(2) ウ　(3) イ　(4) ア

> ◀) **読まれた英語**
>
> (1) I'm Mai. I'm from Fukuoka.
>   I like volleyball.
> (2) I'm Ryota. I'm from Akita.
>   I'm good at skating.
> (3) I'm Suzu. I usually get up at seven.
>   I play badminton on Sundays.
> (4) I'm Teru. I usually eat lunch at
>   twelve thirty. I like hamburgers.

▶ ポイント
読まれた英語の意味は次のとおりです。
(1) 「わたしはマイです。福岡の出身です。バレーボールが好きです」
(2) 「ぼくはリョウタです。秋田の出身です。スケートが得意です」
(3) 「わたしはスズです。わたしはたいてい7時に起きます。日曜日にバドミントンをします」
(4) 「ぼくはテルです。ぼくはたいてい12時30分に昼食を食べます。ハンバーガーが好きです」

2 (1) アキラ ― イ ― え
　　(2) ミホ ― ウ ― あ

> ◀) **読まれた英語**
>
> (1) I'm Akira. This is my brother.
>   He is good at playing soccer.
> (2) I'm Miho. This is my mother.
>   She is good at cooking.

▶ ポイント
読まれた英語の意味は次のとおりです。
(1) 「ぼくはアキラです。この人はぼくのお兄さんです。かれはサッカーをするのが得意です」
(2) 「わたしはミホです。この人はわたしのお母さんです。かの女は料理が得意です」

3 (1) ① I'm　② from
　　(2) ① Korea　② good

4 ① I like animals.
　　② I want a dog.

1 (1) ア　(2) イ　(3) イ　(4) ア

> ◀) **読まれた英語**
>
> (1) I saw a panda.
> (2) I ate steak.
> (3) I saw jellyfish.
> (4) I played baseball.

▶ ポイント
(1) 「パンダを見た」と言っているので，動物園だとわかります。
(2) 「ステーキを食べた」と言っているので，レストランだとわかります。
(3) 「くらげを見た」と言っているので，水族館だとわかります。
(4) 「野球をした」と言っているので，公園だとわかります。

2 (1) ウ　(2) イ

> ◀) **読まれた英語**
>
> (1) I enjoyed my summer vacation. I
>   went to Hokkaido. I visited a zoo.
>   It was exciting.
> (2) My best memory is our school trip.
>   I went to Okinawa. I ate delicious
>   food. It was fun.

▶ ポイント
読まれた英語の意味は次のとおりです。
(1) 「わたしは夏休みを楽しみました。わたしは北海道に行きました。動物園をおとずれました。わくわくしました」
(2) 「ぼくのいちばんの思い出は修学旅行です。ぼくは沖縄に行きました。おいしい食べ物を食べました。楽しかったです」

3 ① best memory　② an aquarium
　　③ dolphins　④ was

4 ① I went to the fireworks festival.
　　② It was fun.

1 (1) イ (2) ア (3) イ (4) ア

🔊 **読まれた英語**

(1) I want to be a baker.

(2) I want to be a carpenter.

(3) I want to go to Italy.

(4) I want to go to Egypt.

▶ **ポイント**
(1) baker は「パン職人」なので，関係があるのは「パン」です。
(2) carpenter は「大工」なので，関係があるのは「家」です。
(3) Italy は「イタリア」なので，関係があるのは「ピザ」です。
(4) Egypt は「エジプト」なので，関係があるのは「ピラミッド」です。

2 (1) エ (2) ア

🔊 **読まれた英語**

(1) I want to be a pilot. I want to go to Australia. I want to see kangaroos.

(2) I want to be a vet. I like animals. I want to help animals.

▶ **ポイント**
読まれた英語の意味は次のとおりです。
(1)「ぼくはパイロットになりたいです。オーストラリアに行きたいです。ぼくはカンガルーが見たいのです」
(2)「わたしはじゅう医になりたいです。わたしは動物が好きです。動物を助けたいのです」

3 ① go ② Germany
③ see ④ castle

4 ① We can see beautiful flowers.
② I like flowers.
③ I want to be a florist.

1 ⑤の解答例 (1)

I'm Aya.

I'm from Chiba.

I like pizza.

I want to go to Italy.

▶ **ポイント**
地名は，最初の文字を大文字にするのを忘れないようにしましょう。

⑤の解答例 (2)

I'm Ken.

I'm from Tokyo.

I like soccer.

I want to go to Brazil.

▶ **ポイント**
I like のあとに dog や cat のような言葉を続けるときは，dogs，cats のように，s や es をつけることも覚えておきましょう。

⑤の解答例 (3)

I'm Eri.

I'm from Kobe.

I like cooking.

I want to go to France.

2 ⑤の解答例 (1)

I'm Ken.

I'm from Tokyo.

I'm good at playing soccer.

I want to be a soccer player.

▶ **ポイント**
I'm good at playing soccer. は，I'm good at soccer. と表すこともできます。

⑤の解答例 (2)

I'm Rin.

I'm from Wakayama.

I'm good at English.

I want to be a flight attendant.

⑤の解答例 (3)

I'm Masaki.

I'm from Fukuoka.

I'm good at singing.

I want to be a singer.

▶ **ポイント**
職業の名前の前には a をつけます。artist のように，「ア，イ，ウ，エ，オ」に似た音で始まる言葉の前には，a ではなく an をつけることも覚えておきましょう。

① 数

☐	0	zero
☐	1	one
☐	2	two
☐	3	three
☐	4	four
☐	5	five
☐	6	six
☐	7	seven
☐	8	eight
☐	9	nine
☐	10	ten
☐	11	eleven
☐	12	twelve
☐	13	thirteen
☐	14	fourteen
☐	15	fifteen
☐	16	sixteen
☐	17	seventeen
☐	18	eighteen
☐	19	nineteen
☐	20	twenty
☐	21	twenty-one
☐	22	twenty-two
☐	23	twenty-three
☐	24	twenty-four
☐	25	twenty-five
☐	26	twenty-six
☐	27	twenty-seven
☐	28	twenty-eight
☐	29	twenty-nine
☐	30	thirty
☐	31	thirty-one
☐	40	forty
☐	50	fifty
☐	60	sixty
☐	70	seventy
☐	80	eighty
☐	90	ninety
☐	100	one hundred

② 気持ち・様子・状態と色

□ angry　おこった

□ busy　いそがしい

□ fine　元気な

□ good　元気な

□ great　とても元気な

□ happy　楽しい, うれしい

□ hungry　おなかがすいた

□ sad　悲しい

□ sleepy　ねむい

□ thirsty　のどがかわいた

□ tired　つかれた

□ beautiful　美しい

□ big　大きい

□ cold　寒い

□ cool　かっこいい

□ cute　かわいい

□ delicious　おいしい

□ exciting　わくわくする

□ famous　有名な

□ fast　速い

□ fun　楽しい

□ hot　暑い

□ long　長い

□ new　新しい

□ nice　すてきな

□ old　古い

□ popular　人気のある

□ short　短い

□ small　小さい

□ wonderful　すばらしい

□ black　黒い

□ blue　青い

□ brown　茶色の

□ green　緑色の

□ orange　オレンジ色の

□ pink　ピンク色の

□ purple　むらさき色の

□ red　赤い

□ white　白い

□ yellow　黄色の

❸ 教科と文ぼう具

- ☐ arts and crafts　図工
- ☐ calligraphy　書写
- ☐ English　英語
- ☐ home economics　家庭科
- ☐ Japanese　国語
- ☐ math　算数
- ☐ moral education　道徳
- ☐ music　音楽
- ☐ P.E.　体育
- ☐ science　理科
- ☐ social studies　社会 (科)

- ☐ crayon　クレヨン
- ☐ eraser　消しゴム
- ☐ ink　インク
- ☐ notebook　ノート
- ☐ pen　ペン
- ☐ pencil　えんぴつ
- ☐ pencil case　筆箱
- ☐ ruler　定規
- ☐ scissors　はさみ
- ☐ stapler　ホッチキス

❹ 曜日と季節

- ☐ 月　Monday　月曜日
- ☐ 火　Tuesday　火曜日
- ☐ 水　Wednesday　水曜日
- ☐ 木　Thursday　木曜日
- ☐ 金　Friday　金曜日
- ☐ 土　Saturday　土曜日

- ☐ 日　Sunday　日曜日
- ☐ spring　春
- ☐ summer　夏
- ☐ fall / autumn　秋
- ☐ winter　冬

❺ 月

☐ January	☐ February	☐ March
1月	2月	3月
☐ April	☐ May	☐ June
4月	5月	6月
☐ July	☐ August	☐ September
7月	8月	9月
☐ October	☐ November	☐ December
10月	11月	12月

❻ 日にち

☐1st	☐2nd	☐3rd	☐4th	☐5th	☐6th	☐7th
1日	2日	3日	4日	5日	6日	7日
☐8th	☐9th	☐10th	☐11th	☐12th	☐13th	☐14th
8日	9日	10日	11日	12日	13日	14日
☐15th	☐16th	☐17th	☐18th	☐19th	☐20th	☐21st
15日	16日	17日	18日	19日	20日	21日
☐22nd	☐23rd	☐24th	☐25th	☐26th	☐27th	☐28th
22日	23日	24日	25日	26日	27日	28日
☐29th	☐30th	☐31st				
29日	30日	31日				

❼ 食べ物と飲み物

 bread　パン

 curry　カレー

 curry and rice
カレーライス

 French fries
フライドポテト

 fried chicken
フライドチキン

 grilled fish　焼き魚

 hamburger
ハンバーガー

 hot dog　ホットドッグ

 noodles　めん(類)

 omelet　オムレツ

 pancake　パンケーキ

 pizza　ピザ

 rice　ごはん

 rice ball　おにぎり

 salad　サラダ

 sandwich　サンドイッチ

 spaghetti　スパゲッティ

 steak　ステーキ

 toast　トースト

 egg　たまご

 fish　魚

 cake　ケーキ

 candy　キャンディ

 chocolate
チョコレート

 ice cream
アイスクリーム

 pie　パイ

 popcorn　ポップコーン

 coffee　コーヒー

 milk　牛乳

 tea　紅茶

 orange juice
オレンジジュース

⑧ 果物と野菜

- □ apple　りんご
- □ banana　バナナ
- □ cherry　さくらんぼ
- □ grapes　ぶどう
- □ kiwi fruit　キウイ
- □ lemon　レモン
- □ melon　メロン
- □ orange　オレンジ
- □ peach　もも
- □ pineapple　パイナップル
- □ strawberry　いちご
- □ watermelon　すいか

- □ cabbage　キャベツ
- □ carrot　にんじん
- □ corn　とうもろこし
- □ cucumber　きゅうり
- □ green pepper　ピーマン
- □ lettuce　レタス
- □ mushroom　マッシュルーム
- □ onion　たまねぎ
- □ potato　じゃがいも
- □ tomato　トマト

❾ 動物と海の生き物

☐ bear　くま	☐ mouse　ねずみ
☐ bird　鳥	☐ panda　パンダ
☐ cat　ねこ	☐ penguin　ペンギン
☐ chicken　にわとり	☐ pig　ぶた
☐ cow　牛	☐ rabbit　うさぎ
☐ dog　犬	☐ sheep　ひつじ
☐ elephant　ぞう	☐ snake　へび
☐ frog　かえる	☐ tiger　とら
☐ gorilla　ゴリラ	☐ dolphin　いるか
☐ horse　馬	☐ jellyfish　くらげ
☐ koala　コアラ	☐ sea turtle　海がめ
☐ monkey　さる	☐ whale　くじら

❿ スポーツ

☐ badminton　バドミントン	☐ softball　ソフトボール
☐ baseball　野球	☐ swimming　水泳
☐ basketball　バスケットボール	☐ table tennis　卓球
☐ dodgeball　ドッジボール	☐ tennis　テニス
☐ soccer　サッカー	☐ volleyball　バレーボール

⑪ 自然

☐	beach	海岸
☐	desert	さばく
☐	flower	花
☐	forest	森
☐	island	島
☐	lake	湖
☐	moon	月
☐	mountain	山
☐	pond	池
☐	river	川
☐	sea	海
☐	sky	空
☐	star	星
☐	sun	太陽
☐	tree	木

⑫ 天気

☐	cloudy	くもりの
☐	cold	寒い
☐	hot	暑い
☐	rainy	雨の
☐	snowy	雪の
☐	sunny	晴れの
☐	windy	風の強い

⑬ 職業

☐	actor	俳優
☐	artist	芸術家, 画家
☐	astronaut	宇宙飛行士
☐	baker	パン職人
☐	baseball player	野球選手
☐	bus driver	バスの運転手
☐	carpenter	大工
☐	cartoonist	マンガ家
☐	comedian	コメディアン
☐	cook	料理人
☐	dentist	歯医者
☐	designer	デザイナー
☐	doctor	医者
☐	farmer	農場経営者
☐	figure skater	フィギュアスケーター
☐	fire fighter	消防士

☐	flight attendant	客室乗務員
☐	florist	花屋
☐	hairdresser	美容師
☐	illustrator	イラストレーター
☐	musician	音楽家
☐	nurse	看護師
☐	photographer	写真家
☐	pilot	パイロット
☐	police officer	警察官
☐	programmer	プログラマー
☐	scientist	科学者
☐	singer	歌手
☐	soccer player	サッカー選手
☐	teacher	教師, 先生
☐	vet	じゅう医
☐	zookeeper	動物園の飼育員

⑭ 建物・施設

 amusement park
遊園地

 aquarium 水族館

 bookstore 本屋

 coffee shop
コーヒーショップ

 convenience store
コンビニエンスストア

 department
store デパート

 fire station
消防署

 flower shop
花屋

 hospital 病院

 house 家

 library 図書館

 museum 美術館

 park 公園

 police station
警察署

 post office
郵便局

 pyramid ピラミッド

 restaurant
レストラン

 shrine 神社

 stadium
スタジアム

 station 駅

 supermarket
スーパーマーケット

 swimming pool
プール

 temple 寺

 zoo 動物園

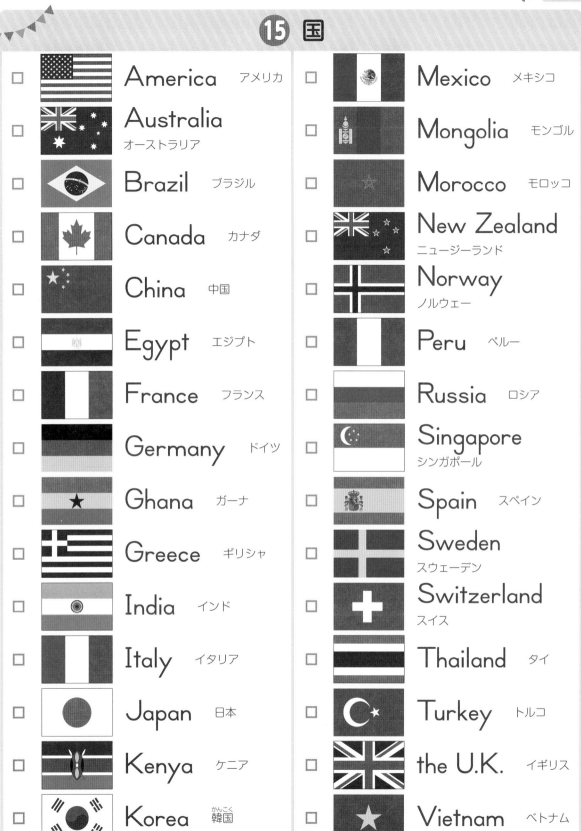

⑮ 国

☐	America	アメリカ
☐	Australia	オーストラリア
☐	Brazil	ブラジル
☐	Canada	カナダ
☐	China	中国
☐	Egypt	エジプト
☐	France	フランス
☐	Germany	ドイツ
☐	Ghana	ガーナ
☐	Greece	ギリシャ
☐	India	インド
☐	Italy	イタリア
☐	Japan	日本
☐	Kenya	ケニア
☐	Korea	韓国

☐	Mexico	メキシコ
☐	Mongolia	モンゴル
☐	Morocco	モロッコ
☐	New Zealand	ニュージーランド
☐	Norway	ノルウェー
☐	Peru	ペルー
☐	Russia	ロシア
☐	Singapore	シンガポール
☐	Spain	スペイン
☐	Sweden	スウェーデン
☐	Switzerland	スイス
☐	Thailand	タイ
☐	Turkey	トルコ
☐	the U.K.	イギリス
☐	Vietnam	ベトナム

⑯ 学校の行事

 chorus contest
合唱コンテスト

 drama festival
学芸会

 entrance ceremony　入学式

 field trip　遠足

 fire drill　避難訓練（ひなん）

 graduation ceremony　卒業式

 marathon
マラソン

music festival
音楽祭

 school festival
文化祭

 school trip
修学旅行

 speech contest
スピーチコンテスト

 sports day
運動会

 summer vacation　夏休み

swimming meet　水泳大会

 volunteer day
ボランティアデー

⑰ 1年の行事

 Dolls' Festival
ひな祭り

 Children's Day
子どもの日

 Star Festival
七夕（たなばた）

 fireworks festival　花火大会

 Halloween
ハロウィーン

 Christmas
クリスマス

 mochi making festival　もちつき大会

 New Year's Eve
大みそか

 New Year's Day
元日

 Snow Festival
雪祭り

☐	ball	ボール
☐	bag	かばん
☐	bat	バット
☐	bed	ベッド
☐	book	本
☐	box	箱
☐	calendar	カレンダー
☐	chair	いす
☐	clock	時計
☐	comic book	マンガ本
☐	cup	カップ
☐	desk	つくえ
☐	dish	お皿
☐	guitar	ギター
☐	map	地図

☐	piano	ピアノ
☐	racket	ラケット
☐	table	テーブル
☐	umbrella	かさ
☐	violin	バイオリン
☐	watch	うで時計
☐	cap	（ふちのない）ぼうし
☐	gloves	手ぶくろ
☐	hat	（ふちのある）ぼうし
☐	pants	ズボン
☐	shirt	シャツ
☐	shoes	くつ
☐	socks	くつした
☐	sweater	セーター
☐	T-shirt	Tシャツ

⑲ すること

□	buy	買う		□	run	走る
□	cook	料理する		□	see	見る
□	dance	ダンスをする		□	sing	歌う
□	drink	飲む		□	sit	すわる
□	eat	食べる		□	skate	スケートをする
□	have	持っている		□	ski	スキーをする
□	help	手伝う		□	stand	立つ
□	jump	とぶ, ジャンプする		□	stop	止まる
□	like	好む		□	swim	泳ぐ
□	read	読む		□	walk	歩く

⑳ 遊び

□	camping キャンプ（をすること）		□	hiking ハイキング（をすること）
□	cooking 料理（をすること）		□	shopping 買い物（をすること）
□	cycling サイクリング（をすること）		□	skating スケート（をすること）
□	dancing ダンス（をすること）		□	skiing スキー（をすること）
□	fishing つり（をすること）			